DAS SALZKAMMERGUT

EIN BILDBAND MIT

FOTOGRAFIEN VON ERWIN TRAMPITSCH

UND TEXTEN VON HEINZ HEIMBERGER / ERWIN TRAMPITSCH

VORWORT

Liebe Kenner und Liebhaber des Salzkammerguts,

es mag Ihnen etwas dreist erscheinen, „Ihre" Heimat in einen Bildband zu packen und diesen als Überblickswerk und Informationsquelle vorzulegen. Dem vielgestaltigen und an kultureller, geschichtlicher oder landschaftlicher Vielfalt reichen Salzkammergut in seiner wertvollen Schönheit hier nur annähernd gerecht zu werden, zeugt auch wirklich von Übermut meinerseits, einem Übermut, der in den zahlreichen Stunden, die ich in der Luft verbrachte und dabei förmlich einen fotografischen Glücksrausch erlebte. Dabei regte sich in mir der Wunsch, dieses Erlebnis mit Gleichgesinnten zu teilen. Nun bin ich aber kein Schriftsteller und stoße bei dem Versuch, das Salzkammergut in Worten zu beschreiben, zu definieren oder zu erklären auf große Schwierigkeiten. Zum einen könnte ich seitenweise über die magische Anziehungskraft schreiben, die ein See meiner Heimat schon als Kind auf mich ausübte oder wie das einzigartige Zusammenspiel dieser Berg- und Seenlandschaft des Salzkammerguts mannigfaltig Naturschönheiten hervorbringt. Auch möchte ich das märchenhafte Wesen des klaren, oft dunkelblauen Altaussees inmitten seiner eindrucksvollen Gebirgswelt beschreiben können, sowie das Typische des sanften Irrsees, der im Sommer warm und trüb mit Schilf ummantelt durch seine Ruhe anlockt.

Als Fotograf biete ich Ihnen hiermit frei nach dem Motto „ein Bild sagt mehr als 1000 Worte" eine andere Art von Informationsquelle an, in der Sie hoffentlich noch viel mehr lesen können.

Was das Auge aus meinen Fotos nicht ersehen kann, das ergänzt mein an nicht nur geschichtlichem Wissen übersprudelnder Freund Heinz Heimberger mit seinen Texten.

Ich wünsche Ihnen sehr viel Freude beim Lesen

Erwin Trampitsch
Fotograf

INHALTSVERZEICHNIS

DAS SALZKAMMERGUT

DAS SEENLAND

DAS INNERE SALZKAMMERGUT · TRAUNSEEREGION

DAS SALZKAMMERGUT

Flächenanteil am Salzkammergut in %	
Oberösterreich	72%
Steiermark	16%
Salzburg	12%
Einwohner	135.307 (1.1.2012)

Inmitten von Österreich liegt diese einzigartige malerische Berg- und Seenlandschaft, das Salzkammergut, dessen klingender Name sogleich mit Sommerfrische, Tradition und Brauchtum, Wandern und Bergsteigen, kaiserlicher Kulisse und zahlreichen österreichischen Künstlern assoziiert wird. Diese Kulturlandschaft erstreckt sich über Teile der Bundesländer Oberösterreichs, der Steiermark und Salzburgs, im Westen von der Stadtgrenze von Salzburg beginnend bis zum Alpenvorland im Norden mit den großen Seen Mondsee, Wolfgangsee, Attersee und Traunsee und ganz im Osten dem Almtal. Im gebirgigen Südwesten findet das Salzkammergut mit dem Dachstein und seinen Gletschern den Abschluss und im Südosten begrenzt das Tote Gebirge und der davon eingeschlossene Grundlsee dieses Gebiet.

Der Name Salzkammergut stammt einerseits von den bestehenden Salzvorkommen, die schon zur Zeit der Kelten wirtschaftlich genutzt wurden (das keltische Wort für Salz ist „Hall", das heute noch in manchen Ortsnamen, wie beispielsweise Hallstatt, enthalten ist) und andererseits von der Finanzkammer, die dem Landesfürsten, hier den Habsburgern, zugehörte und damit deren Besitz und Einkünfte aus Salzhandel (dem „weißen Gold"), sowie Wald und Flur verwaltete. Dieses der Vergangenheit angehörende Salzkammergut umfasste vor allem das Einzugsgebiet des Flusses Traun, der diese Landschaft von Süden nach Norden durchfließt. Der Fluss war die Lebensader, da für die Sudhäuser zur Salzgewinnung große Mengen Holz benötigt wurden, die durch Flößen an ihren Bestimmungsort gebracht wurden, andererseits wurde auf dem Flusswege das Salz abtransportiert. Die Salzgewinnung mit allen dazu nötigen Arbeiten und Handwerken gab neben der Landwirtschaft den Menschen Arbeit und Brot, schuf ein fast autarkes Land im Land, das aber, insbesondere durch den regen Handel, den Anschluss an sein Umfeld nie verlor.

Inmitten des Salzkammerguts, denn hier scheint noch alles eine Mitte, ein Zentrum, eine Ausgewogenheit zu haben, liegt Bad Ischl, welches bereits seit 1822 ein heilkräftiges Schwefel- und Solebad sein Eigen nennt. Schon immer wieder von den Landesherren, den Habsburgern, insbesondere zur Jagd besucht, erfuhr Erzherzog Rudolf, Fürsterzbischof von Olmütz und Bruder von Kaiser Franz I. im Ischler Bad Linderung von seinen Leiden. Kaiser Franz Josef I. verlegte regelmäßig im Sommer den Hof nach Ischl, um hier zur Sommerfrische zu verweilen, was damals in der Folge den Aufenthalt des Adels und des wohlhabenden Bürgertums nach sich zog.

Diese geografische Region, die im alpinen Süden das Dachsteinmassiv mit seinem Gletscher, im Südosten das Ausseerland mit dem Toten Gebirge, im Nordosten das Almtal, im Norden den Traun- und Attersee, im Nordwesten den Mondsee, Irrsee und Fuschlsee, im Westen die Berge der Osterhorngruppe und als Ausläufer des Dachsteins den Gosaukamm umfasst und damit von den vergletscherten Höhen des Südens bis zur anmutigen Hügellandschaft des Alpenvorlandes im Norden reicht, birgt in sich nicht nur den größten zur Gänze in Österreich liegenden (Attersee), sondern auch seinen tiefsten See (Traunsee).

Trotz ihrer ständigen Verweise an die Vergangenheit weist diese Gegend alle Attribute der Gegenwart aus, birgt in ihrer lieblichen, teils schroffen Landschaft auch heute noch die verträumten Villen der Vergangenheit, gepflegte Kuranlagen und -parks, stilvolle Seepromenaden neben Klettersteigen und klangvollen gastronomischen Namen. Und dieser Landstrich ist nicht nur mit dem Auto, sondern wie seinerzeit mit dem Postverkehr (die Kutsche wurde vom Bus ersetzt), der Eisenbahn (sogar mit einer Zahnradbahn), sogenannten Überland-Straßenbahnen und mit Schiffen (darunter auch historischen Schaufelraddampfer) bereisbar, ja es gibt sogar einen Bahnhof, der durch einen See vom Ort getrennt und damit nur mit dem Schiff erreichbar ist.

So sind Sie eingeladen, mit Unterstützung dieses Buches diese einmalige und bezaubernde Landschaft zu bereisen. Vielleicht bekommen Sie auch Lust, hier zur „Sommerfrische" zu verweilen.

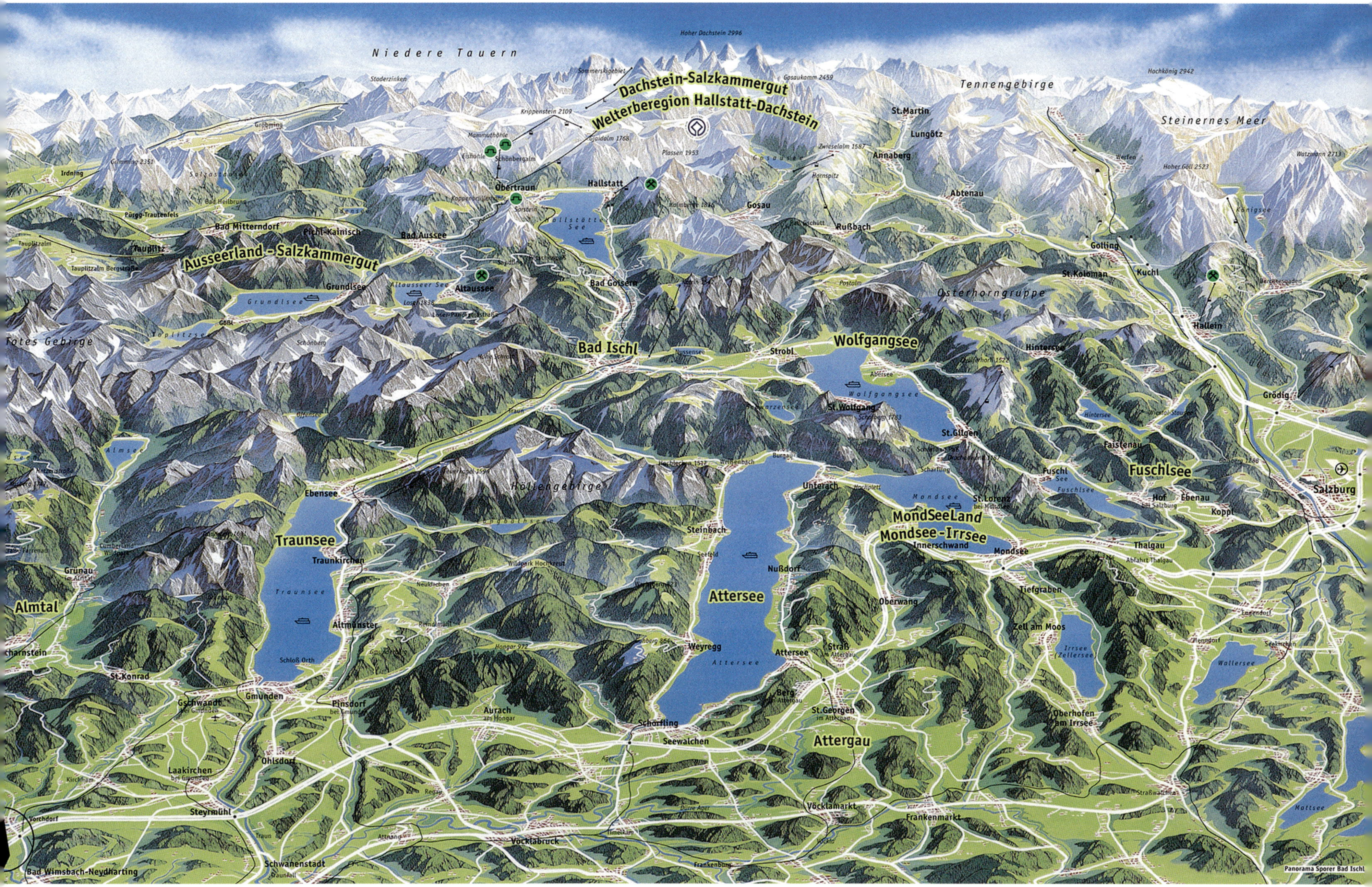

Niedere Tauern
Hoher Dachstein 2996
Dachstein-Salzkammergut
Welterberegion Hallstatt-Dachstein
Tennengebirge
Steinernes Meer
Hochkönig 2942
St.Martin
Lungötz
Annaberg
Abtenau
Obertraun
Hallstatt
Gosau
Rußbach
Irdning
Bad Mitterndorf
Pichl-Kainisch
Bad Aussee
Tauplitz
Ausseerland - Salzkammergut
Grundlsee
Altaussee
Bad Goisern
Golling
Kuchl
St.Koloman
Osterhorngruppe
Hallein
Totes Gebirge
Bad Ischl
Strobl
Wolfgangsee
St.Wolfgang
Hintersee
Grödig
St.Gilgen
Faistenau
Fuschlsee
Salzburg
Ebensee
Höllengebirge
Unterach
St.Lorenz
MondSeeLand
Mondsee-Irrsee
Innerschwand
Mondsee
Hof
Ebenau
Koppl
Thalgau
Traunsee
Traunkirchen
Steinbach
Nußdorf
Attersee
Oberwang
Tiefgraben
Almtal
Grünau
Altmünster
Zell am Moos
Weyregg
Attersee
Straß
Schloß Orth
St.Konrad
Gschwandt
Gmunden
Pinsdorf
Aurach
Berg
St.Georgen
Oberhofen am Irrsee
Schörfling
Seewalchen
Attergau
Ohlsdorf
Laakirchen
Steyrmühl
Vöcklamarkt
Frankenmarkt
Vorchdorf
Vöcklabruck
Schwanenstadt
Bad Wimsbach-Neydharting
Panorama Sporer Bad Ischl

MONDSEELAND

Irrsee · Zell am Moos · Oberhofen am Irrsee

Der Irrsee (oder Zellersee) ist der im Salzkammergut am nordwestlichsten gelegene See und er wird als einer der lieblichsten Seen dieser Region bezeichnet, denn er wird von einem Schilfgürtel, von Feuchtwiesen, Mooren und sanften Hügeln umrahmt. Der See und seine Uferlandschaft stehen unter Naturschutz und sein bis zu 27°C warmes Wasser lädt zum Baden ein. Ob es nun eine Wanderung, eine Fahrradtour oder ein Autoausflug ist, auf der schmalen hügeligen Straße des Westufers wird man mit zauberhaften Ausblicken, schönen Badeplätzen und netten Gastgärten empfangen. Besonders auffallend sind auch die zahlreichen Fischerboote am See, die immer zu Gruppen beieinander liegen und meist Maränen (eine Reinanckenart) befischen. Die Maränen können eine beachtliche Größe bis zu 50 cm erreichen und sind sehr begehrte Speisefische, die in fast allen Salzkammergutseen vorkommen und hier auf vielen Speisekarten vertreten sind. Weiters ist der Irrsee für seine großen Hechte von bis zu beachtlichen 1,4 m Länge bekannt, die hier gefangen werden.

Etwa einen Kilometer vom Nordufer des Irrsees entfernt liegt der Ort Oberhofen, dessen Gemeindegebiet auch den nördlichen Teil des Sees umfasst. Im Gemeindewappen des Ortes ist der seltene „Große Brachvogel" dargestellt, der im Nordmoor des Irrsees brütet. Die Pfarrkirche von Oberhofen stammt aus der ersten Hälfte des 15. Jhdts. und ist – mit Ausnahme des Turmes – im Wesentlichen unverändert geblieben. Von der gotischen Einrichtung hat sich ein Tafelbild erhalten, das die 14 Nothelfer zeigt, denen die Kirche auch geweiht ist. Die drei Altäre und die Kanzel aus der Hand des Bildhauers Meinrad Guggenbichler stammen aus spätbarocker Zeit.

Etwa in der Mitte der Seelänge liegt der malerische Ort Zell am Moos (wobei Moos hier die gebräuchliche Bezeichnung für Moor ist), ruhig, beschaulich, vom Massentourismus unberührt. Die Lindenbauernkapelle lädt zum besinnlichen Verweilen ein. Die Idylle und Ruhe wird alljährlich durch ein frohes, fast schon legendäres Dorffest für Jung und Alt im Sommer unterbrochen.

Der Irrsee

Fläche	*3,55 km^2*
Länge	*4,7 km*
Breite	*1,0 km*
Höhe	*553 m ü. A.*
Wassertiefe	*32 m*
Wassermenge	*53 Mill m^3*

Zell am Moos

Fläche	*24,51 km^2*
Einwohner	*1.527 (1.1.2012)*
Höhe	*573 m ü. A.*

Oberhofen am Irrsee

Fläche	*21,17 km^2*
Einwohner	*1.503 (1.1.2012)*
Höhe	*573 m ü. A.*

Hier sieht man den am weitesten im Nordwesten gelegenen Ort des Salzkammerguts: Oberhofen am Irrsee. Die Berge im Süden sind von der linken Bildseite aus gesehen: der Schafberg, die Drachenwand, der Schober und der Kolomannsberg.

Der Blick über den Irrsee vom Ostufer in Richtung Sommerholz und Fischhof.

Der Badeplatz Fischhof liegt am Nordwest-Ufer des Irrsees.

oben: Der Blick vom Fischhof aus auf Zell am Moos mit Schafberg, Dachstein und rechts der Drachenwand.
unten: Das Südufer des Irrsees mit Blick über den See in Richtung Oberhofen.

Der Hauptort am Irrsee ist Zell am Moos, ein beliebtes Ziel, um die Sommerfrische am See zu genießen.

MONDSEELAND

Mondsee

Mondsee

Fläche	16,6 km²
Einwohner	3.313 (1.1.2012)
Höhe	493 m ü. A.

Sankt Lorenz

Fläche	23,56 km²
Einwohner	2.347 (1.1.2012)
Höhe	490 m ü. A.

Vom Irrsee nach Süden weiterfahrend gelangt man in den Ort Mondsee, der am Nordufer des gleichnamigen Sees liegt. Die im 19. Jahrhundert im See aufgefundenen Pfahlbautenreste weisen eine Besiedelung seit etwa 1000 v. Chr. nach. Im 3. Jahrhundert v. Chr. wanderten die Kelten ein und etwa 15 v. Chr. übernahmen die Römer die Herrschaft. Während der Völkerwanderung verödete das Gebiet. Der Agilolfinger Odilo II. begann 739 mit dem Bau des Klosters, der 748 vollendet war. Das Kloster, dessen erste 20 Mönche unter ihrem Abt Opportunus nach der Klostertradition aus Monte Cassino kamen (andererseits wird die Herkunft der Mönche aus Bayern und dem salzburgischen St. Peter gesehen), wurde als ältestes Kloster des heutigen Oberösterreich zu einem Zentrum von Wissenschaft und Kultur und nahm 800 die benediktinische Regel an. Das Kloster war berühmt für seine Schreibschule und Buchmalerei und es entstand hier vor 788 der sogenannte „Tassilopsalter", das älteste vollständig erhaltene Buch, das auf dem Gebiet des heutigen Österreich geschrieben wurde. Der „Mondseer Matthäus", die älteste deutsche Bibelübersetzung, entstand hier kurz nach 800. Im Jahre 1514 wurde von Abt Wolfgang im Kloster das erste Gymnasium des heutigen Oberösterreich gegründet. 1774 war ein großer Teil des Klosters abgebrannt. Unter Kaiser Leopold II. wurde das Kloster 1791 aufgehoben und ging 1810 durch eine Verfügung Napoleons in den Besitz des bayerischen Feldmarschalls von Wrede über.

Die Basilika St. Michael, ehemals Klosterkirche, beherrscht heute noch das Zentrum von Mondsee. Dem Bau der gotischen Kirche um 1480 waren vorromanische und romanische Bauphasen vorangegangen. Im 18. Jahrhundert wurde sie barockisiert. Sie ist nach dem Linzer Maria-Empfängnis-Dom die zweitgrößte Kirche Oberösterreichs.

Vom Ortszentrum führt die Lindenallee zur Promenade am Mondsee. Der Name des Sees wird einerseits mit seiner mondsichelartigen Gestalt erklärt, andererseits einer Legende zugeschrieben. Dieser Legende nach soll der Bayernherzog Odilo auf der Jagd in die Dunkelheit geraten sein und nur der plötzlich hervorbrechende Mond habe ihn und sein Pferd vor einem Absturz in den See bewahrt. Der See wird umrahmt von dem sich immer mehr erhebenden Alpenvorland, sowie den schroffen Felsabstürzen der Drachenwand und der Schafberg-Nordwand. Hoch oben in der Drachenwand befindet sich das sogenannte Drachenloch, durch das der Himmel niederschaut und es erzählt die Sage, dass dort ein gar fürchterlicher Drache gehaust und seine Opfer dorthin verschleppt haben soll, bis sich ein unerschrockener Ritter fand, der mit Hilfe des Heiligen Georg dem Wüten des Untieres ein Ende setzte.

Am Westende der Seepromenade befindet sich das Museum der Salzkammergut-Lokalbahn, einer Schmalspurbahn, die mit ihrem gemütlichen Dampfbetrieb die Stadt Salzburg mit Bad Ischl von 1893 bis 1957 verband. Von der Station St. Lorenz am Westufer des Mondsees zweigte eine etwa 4 km lange Stichbahn nach Mondsee ab und die ehemaligen Betriebsgebäude beherbergen das Museum dieser Bahn. An dieser Flügelbahnstrecke gab es zwischen St. Lorenz und Mondsee auch die Haltestelle Schwarzindien bei einem gleichnamigen Gasthaus.

Tiefgraben

Fläche	*38,26 km²*
Einwohner	*3.740 (1.1.2012)*
Höhe	*740 m ü. A.*

Innerschwand am Mondsee

Fläche	*18,73 km²*
Einwohner	*1.116 (1.1.2012)*
Höhe	*493 m ü. A.*

Oberwang

Fläche	*38,83 km²*
Einwohner	*1.593 (1.1.2012)*
Höhe	*573 m ü. A.*

Dieser für das Salzkammergut doch unübliche Name entstand angeblich dadurch, dass einheimische Jugendliche durch Sommergäste von ihrem ursprünglichen Badeplatz vertrieben wurden, sich daraufhin eine stille, noch unberührte Bucht suchten und diese in der Art von Entdeckern eben Schwarzindien nannten. Übrigens: diese Ortsbezeichnung gibt es noch heute. Der im nordwestlichen Teil des Salzkammerguts liegende Mondsee verläuft von Nordwesten nach Südosten, ist bis zu 68 m tief, maximal 1,5 km breit, 11 km lang und umfasst eine Fläche von 14,2 *km²*.

In der prunkvollen und barocken Pfarrkirche von Mondsee wurde einst die Hochzeitsszene für das Filmmusical „Sound of Music" gedreht. Das einzigartig schöne Umfeld von Mondsee hat auf seine Gäste, Besucher und Hochzeitspaare, wie hier im Bild, eine besondere Anziehungskraft.

Der Markt Mondsee und das am anderen Seeufer liegende St. Lorenz mit der Drachenwand dahinter. Links über dem Mondsee erhebt sich der Gipfel des Schafbergs, noch weiter in der Ferne kann man die Umrisse des Dachsteinmassives erkennen.

links oben: Die Pfarrkirche St. Michael in Mondsee mit dem neu gestalteten Vorplatz.
links unten: Bürgerhäuser am Marktplatz

rechts oben: Blick über Mondsee in Richtung Thalgau.
rechts unten: Innenansicht der Pfarrkirche St. Michael

Das mit der Kirche verbundene Schloss Mondsee bildet das Zentrum der Marktgemeinde Mondsee.

Dieser Blick ermöglicht die freie Sicht über die Drachenwand auf St. Lorenz mit dem Mondsee und dem Irrsee dahinter. Der aussichtsreichste, jedoch nicht der höchste Punkt der Drachenwand ist der Drachenstein (1060m) hier im Bild. Er ist der nordöstlichste der drei Gipfelerhebungen der Drachenwand.

Die Kirche von St. Lorenz ist dem heiligen Laurentius geweiht und mit Werken aus dem Jahre 1714 des Mondseer Bildhauers Meinrad Guggenbichler ausgestattet.

St. Lorenz liegt herrlich eingebettet zwischen der Drachenwand und dem Mondsee, am Schwemmkegel der Fuschler Ache. Diese vom Fuschlsee kommende Ache fließt durch Thalgau und mündet hier in den Mondsee. Der Golfclub Mondsee, der sich direkt am See befindet, bietet Golfbegeisterten neben dem Spiel eine beeindruckend schöne Aussicht.

links oben: Der Kreuzstein bei der Kienbergwand am Südufer des Sees.
links unten: Die Drachenwand mit dem Schafberg im späten Abendlicht.

rechts oben: Teufels- oder Drachenloch mit Durchblick auf den Mondsee.
rechts unten: Der so genannte Drachensee beim Golfclub Mondsee.

Hinter den furchterregenden Felsabstürzen der Drachenwandnordseite befindet sich der südliche Teil des Mondsees. Dahinter sieht man den Attersee mit dem Höllengebirge, in der Bildmitte überragt der Schafberggipfel die Drachenwand und am rechten oberen Bildrand ist noch der Dachstein zu erkennen.

Aus dieser Perspektive blickt man über den Mondsee auf Loibichl mit dem Radstattrücken und dem Mondseeberg dahinter. Auf der rechten Seite liegt Oberwang. Auf der linken Bildseite liegt St. Lorenz und der Markt Mondsee und noch weiter nördlich der Irrsee.

links oben: Scharfling am südöstlichen Mondsee gelegen mit der steil in den See abfallenden Kienbergwand dahinter. *rechts oben: Motiv bei der Kienbergwand*
unten: der kleine naturbelassene Egelsee bei Scharfling, durch dessen Mitte die Landesgrenze zwischen Oberösterreich und Salzburg verläuft.

Vom Schafberg zeigt sich uns ein herrliches Panorama in Blickrichtung Norden: von links die Himmelspfortenhütte, dahinter der Fuschlsee, der Gipfel des Schobers und die Drachenwand, an deren Abhängen der Mondsee mit seiner Sichelform liegt. Die Seeache verbindet ihn mit dem Attersee, der

zwischen den Ausläufern des Schafberges und dem steil abfallenden Höllengebirge liegt. Danach fließt sie weiter ins Flachland nach Seewalchen und Schörfling, wo ihr Wasser die Reise über die Ager zur Traun und Donau weiterführt.

DER ATTERSEE

Der Attersee

Fläche	*23,75 km²*
Länge	*19,7 km*
Breite	*3,48 km*
Höhe	*498 m ü. A.*
Wassertiefe	*169 m*
Wassermenge	*3944 Mill m³*

Der im Norden des Salzkammerguts liegende Atter- oder Kammersee ist nicht nur der größte der Salzkammergutseen sondern auch der größte zur Gänze in Österreich liegende See. Sein Name leitet sich einerseits von der vorkeltischen Wurzel „ata" oder „ada", d. h. Wasser, andererseits vom Schloss Kammer bei Schörfling am Attersee ab. Die Kelten haben mit ihren Pfahlbausiedlungen die ältesten feststellbaren Siedlungsspuren hinterlassen. In Seewalchen, dem nördlichsten Ort am See, von dem dieser zur Gänze überschaubar ist, hatten die Römer die Siedlung Laciacum gegründet und in Weyregg, Steinbach, Unterach und Burgau kamen römische Funde zutage. Nach der Völkerwanderung nahmen die Bajuwaren um 500 vom Attergau Besitz, die am Ende des 6. Jhdts. von den Slawen verdrängt wurden. Im Jahre 662 wurde der Attergau unter den Agilolfingern Teil des Herzogtums Bayern. Nach wechselndem Schicksal wurde der Attergau 1379 an den Herzog Albrecht III. von Österreich verkauft und bildete mit kurzen Unterbrechungen in der Folge einen Teil des Herzogtums Österreich ober der Enns (Oberösterreich).

Der Attersee entstand durch die Gletscherausschürfungen der letzten Eiszeit nach dem Abschmelzen des Eises, vor ca. 10.000 Jahren. Der See gehört zur Seengruppe Irrsee, Mondsee und Fuschlsee, mit denen er durch die Zeller-, Fuschler- und die Seeache in Verbindung steht. Das klare saubere Wasser des Attersees verdankt der See auch dem Umstand, das Endglied dieser Seengruppe zu sein und dass das sehr reine Wasser vom Mondsee in den Attersee gelangt. Die wenigen Schwebstoffe im Wasser erfreuen besonders die Taucher und führen zur einzigartig schönen Färbung des Wassers, die von türkis, blau und grün bis grau reicht. Diese Färbung hängt von den jeweiligen Licht- und Wettersituationen ab, es soll sogar Wetterprognosen Einheimischer aufgrund der Seefärbung geben.

Der Norden des Attersees ist gesäumt von einer lieblichen Voralpenlandschaft, der Süden umrahmt von einer großartigen Gebirgslandschaft, dem Höllengebirge und dem Schafberg. Um den gesamten See herum finden sich Villen aus dem 19. und dem Beginn des 20. Jhdts., mit ihrer behutsamen naturnahen Architektur stimmig in die Landschaft eingefügt. Schloss Litzlberg und Schloss Kammer liegen wie zwei leuchtende Perlen am See. Die den See umlaufende Straße verengt sich oft auf nur eine Spurbreite, so dass sich eine erzwungenermaßen bedächtige Fahrweise der Ruhe der Gegend anpasst.

Sich dem Attersee nähernd, fallen sofort die zahlreichen Segelboote auf, die bei gutem Wetter den Attersee auf so hübsche Weise beleben. Besonders der sogenannte Rosenwind, welcher sich an schönen Sommertagen durch die Erwärmung der Luftmassen im Flachland bildet und ab Mittag von Nordosten her über den See weht, wird von den Seglern geschätzt, die zumeist in einem der zahlreichen Segelclubs organisiert sind.

Und wie in früheren Zeiten verbringen auch heute rund um den Attersee viele Gäste, Freunde und Liebhaber des Sees und der ihn umgebenden Landschaft hier die schönsten Tage des Jahres. Wer Zeit und Muße hat, kann die Orte am See im wahrsten Sinne des Wortes auf dem „Seewege" erfahren, wenn er in der Saison den fahrplanmäßigen Schiffsverkehr benützt. Die Erlebnismöglichkeiten durch das einzigartige Zusammenspiel von Berg- und Seenlandschaft sind hier wie im gesamten Salzkammergut kaum auszuschöpfen.

Der Atter- oder Kammersee ist etwa 20 km lang und 3 bis 4 km breit, wobei seine Tiefe bis zu 169 m reicht. Der See wird im Südwesten durch die 4 km lange Seeache vom Mondsee gespeist, sein Abfluss erfolgt im Nordosten durch die Ager.

ATTERSEEREGION

Seewalchen am Attersee

Seewalchen am Attersee

Fläche	*23,75 km^2*
Einwohner	*5.301 (1.1.2012)*
Höhe	*498 m ü. A.*

Die am nördlichen Ende des Attersees befindlichen Orte Seewalchen und Schörfling, getrennt durch den Fluss Ager, der hier den Abfluss des Sees bildet, sind für den aus nördlicher Richtung kommenden Reisenden die Eingangstore zum Attersee, die „Hüter des Sees". Das ganz im Norden des Sees liegende Seewalchen, von dem aus der ganze Attersee überschaubar ist, wird von der auf einer Anhöhe liegenden, weithin sichtbaren Pfarrkirche beherrscht. Sie ist dem Hl. Jakobus d. Ä. geweiht und wurde erstmalig im 12. Jhdt. urkundlich erwähnt. Aus alten Urkunden geht hervor, dass schon im 3. oder 4. Jhdt. dort eine Kirche stand, die in den Wirren der Völkerwanderung unterging. Der heutige spätgotische Kirchenbau wurde im 15. Jhdt. errichtet und mehrmals umgestaltet. Im neugotischen Hochalter finden sich spätgotische Figuren aus dem 15. Jhdt., die die Maria mit dem Kinde, die Hl. Barbara und die Hl. Margarethe darstellen. Im Chorgewölbe befinden sich spätgotische ornamentale Fresken, die in der Mitte des 20. Jhdts. freigelegt wurden. Die ersten Siedlungen am Attersee entstanden etwa 4000 bis 3500 v. Chr. und waren meist Pfahlbauten. 1870 wurde in Seewalchen durch Graf Wurmbrand der erste in Oberösterreich liegende Pfahlbau gefunden. Im Gerlhamer Moor, welches sich im Südwesten des Gemeindegebiets befindet, unter Natur- und Denkmalschutz steht und wo sich eine Pfahlbausiedlung befand, wurden Gebrauchsgegenstände und Bronzewaffen gefunden. Um 15 v. Chr. war der Attergau Teil der römischen Provinz Noricum und das heutige Seewalchen als Laciacum Mittelpunkt der Verwaltung des römischen Attergaus. Aus dieser Zeit fand man Reste antiken Straßenpflasters, einen verstümmelten Meilenstein, ein Grabdenkmal eines römischen Soldaten der II. italischen Legion, Silberdenare und Schmuckgegenstände.

Der Dichter und Schriftsteller Franz Karl Ginzkey war ein treuer und oftmaliger Feriengast in Seewalchen. In Seewalchen und Kammer ist ein „Themenweg" dem wohl bedeutendsten österreichischen Maler des Jugendstils und Mitglied der Wiener Secession, Gustav Klimt (1862-1918), gewidmet. Zwischen 1900 und 1916 war der Maler vorwiegend am Attersee zur Sommerfrische, wo er auch die Mehrzahl seiner Landschaftsbilder schuf.

Auf einer Insel vor Seewalchen befindet sich das Schloss Litzlberg, das ursprünglich Lützelburg hieß. Vorhandene Abbildungen aus dem 17. Jhdt. zeigen eine stattliche Anlage auf der etwa 6000 m^2 großen Insel. Im 19. Jhdt. verfiel diese ursprüngliche Anlage zur Gänze und es wurde der derzeitige Bau im Stile des Historismus 1896 ausgeführt. 1917 wurde der Steg vom Festland zur Insel errichtet. Schloss und Insel befinden sich in Privatbesitz und sind der Öffentlichkeit nicht zugänglich.

Diese Aufnahme von der kleinen Litzlberginsel mit ihrem Seeschlösschen zeigt herrlich die schönen Farbabstufungen des Atterseewassers, die schon ein wenig an Bilder von Stränden südlicher Meere erinnern.

ATTERSEEREGION

Schörfling am Attersee

Schörfling am Attersee

Fläche	*23,21 km²*
Einwohner	*3.211 (1.1.2012)*
Höhe	*512 m ü. A.*

Schörfling am Attersee liegt am nordöstlichen Ende des Sees, östlich seines Abflusses in die Ager. Der Legende nach wollten im 8. Jhdt. Mönche aus St. Gallen eine Kirche im nahe gelegenen Hainbach bauen, aber der gelegte Grundstein verschwand über Nacht. Nachdem sich das noch einmal wiederholt hatte, luden sie den Grundstein auf den Wagen eines Ochsengespanns und ließen diesem freien Lauf. Die Tiere kamen mit dem Wagen schließlich auf dem Platz der heutigen Pfarrkirche zu stehen und so wurde dort, in Schirolfing, dem heutigen Schörfling die Kirche errichtet. Die heutige, durch den hoch liegenden Standort beherrschende Kirche wurde im 15. Jhdt. erbaut und ist Sankt Gallus geweiht.

Schörfling ist auch der Ausgangspunkt der Attersee-Schifffahrt, die im Jahre 1869 durch Graf Khevenhüller-Frankenburg (Besitzer der Herrschaft Kammer) gegründet wurde und ihren Betrieb mit dem Schraubendampfer „Ida" aufnahm, dem alsbald die Schaufelraddampfer „Attersee" und „Kammer" folgten. Als Konkurrenz trat ab 1912 das in Gmunden am Traunsee ansässige Unternehmen „Stern & Hafferl" auf dem Attersee auf. Im Jahre 1923 wurden die Unternehmen fusioniert und von „Stern & Hafferl" weitergeführt. Seit 1965 besteht (wegen mangelnder Wirtschaftlichkeit) keine Linien-, sondern nur mehr eine Saisonschifffahrt.

Seit 2007 erscheint das Flaggschiff MS „Vöcklabruck" im Stile von Gustav Klimt und 2011 gestaltete der zeitgenössische Künstler Christian Ludwig Attersee das Motorschiff „Weyregg" als schwimmendes Kunstwerk. Der 1940 geborene Schriftsteller, Bühnenbildner, Maler, Objekt-, Aktions- und Gesamtkünstler Christian Ludwig fügte 1966 seinem Namen „Attersee" bei, dies in Bezug auf einen Teil seines Lebens, welches er am Attersse verbrachte. Christian Ludwig Attersee war auch ein erfolgreicher Segelsportler, was ihn drei Mal zum österreichischen Staatsmeister werden ließ.

Von Schörfling führt die Kaiser-Jubiläums-Allee nach Kammer, wo sich auf einer Halbinsel das Schloss Kammer befindet, von dem der Attersee seinen zweiten Namen „Kammersee" ableitet (Kammer ist auch die Bezeichnung für eine herrschaftliche Wirtschaftsverwaltung). Das Schloss umschließt mit seinem Hauptgebäude und seinen beiden Seitenflügeln einen dreieckigen Innenhof. Ursprünglich auf einer Insel gelegen, die später durch Aufschüttung mit dem Festland verbunden wurde, scheint als erster Besitzer 1165 Haidfalk von Chammer auf. Ab 1200 erhob sich hier eine wehrhafte Festung, die der Grafschaft Schaunberg gehörte und als deren Lehen zum Mittelpunkt des Attergaus wurde. Der Besitz wechselte zu den Wallseern, den Habsburgern und den Khevenhüllern. Schloss und Halbinsel ist heute im Besitz der Olympiasiegerin im Dressurreiten (Moskau 1980) Sissy Max-Theurer. In Kammer ist der Themenweg „Klimt am Attersee" dem wohl bedeutendsten österreichischen Maler des Jugendstils und Mitglied der Wiener Secession, Gustav Klimt (1862-1918), gewidmet. Zwischen 1900 und 1916 war der Maler vorwiegend am Attersee auf Sommerfrische, wo er die Mehrzahl seiner Landschaftsbilder schuf.

An der Stelle von Schloss Kammer soll der Legende nach ein römischer Patrizier einen Landsitz besessen haben. Seine Tochter Flavia, die in Rom mit dem Christentum in Berührung kam, wollte ihrem Glauben nicht entsagen, weshalb ihr Vater sie auf ein Boot schmieden und die Ager hinabtreiben ließ. An der Mündung der Ager in die Traun wurde das Mädchen von Hirten gerettet. An diese Sage erinnert heute das Markt- und Stiftswappen von Lambach, das Flavia im Schiff zeigt.

Zu erwähnen ist auch noch der „Kammerer-Hansl", kein Ortsbewohner, sondern die 8,8 km lange, normalspurige Eisenbahnverbindung Vöcklabruck-Kammer-Schörfling. Die Bahn wurde als Privatbahn 1881 von Ritter von Keißler gegründet und nahm am 1. Mai 1882 ihren Betrieb auf. Sie stellt die Verbindung mit der Westbahn, der damaligen Kaiserin-Elisabeth-Bahn, her. 1939 wurde die Bahn verstaatlicht und die ÖBB führt auch heute noch einen Linienverkehr auf dieser Strecke.

Das Schloss Kammer ist ein Wasserschloss in Schörfling am Attersee. Anfang des 20. Jahrhunderts wurden das Schloss und die Allee davor zu einem bekannten Motiv in den Werken des Malers Gustav Klimt.

Das Schloss Kammer und der Jachtclub am Seeufer bei Schörfling, von hier sieht man bereits in das flache und weite Alpenvorland, welches sich nördlich des Attersees erstreckt.

Schörfling und Seewalchen im Überblick in Richtung Nordwesten.

links Außen: Schörfling liegt auf einer schönen Anhöhe über dem See.
links Mitte: Statue eines Flössers beim Ablauf des Sees in die Ager.

rechts Mitte: Das Gustav Klimt Zentrum in bester Lage bei der Schlossallee.
rechts Außen: Schloss Kammer vom Steg des Jachtclubs aus gesehen.

Die kleine Insel bei Litzlberg.

Von Seewalchen und Schörfling aus gesehen ganz im Norden des Sees, bietet sich der Blick über den gesamten Attersee, bis zum langgestreckten Höllengebirge auf der linken Bildseite und den nördlichen Abhängen des Schafbergs rechts im Bild.

oben links: Seewalchen mit dem Uferverlauf nach Litzlberg.
unten links: Das Ufer des Attersees bei Litzlberg mit dem öffentlichen Badeplatz.

oben rechts: Segelboote von Litzlberg aus gesehen vor der Silhouette des Schafbergs.
unten rechts: Steganlagen des Jachtclubs bei Litzlberg.

Schloss Kammer und die Boote des Jachtclubs, am anderen Seeufer der Ort Seewalchen.

Der Blick über Litzlberg auf den Attersee, gegenüber auf der kleinen Ausbuchtung liegt Weyregg und dahinter das Höllengebirge.

Sonntag Morgen bei Litzlberg: Bei herrlichem Wetter genießt man den schönen Spätsommertag am See. Es ist bereits September. Womöglich der letzte Badetag in diesem Jahr?

ATTERSEEREGION

Attersee · Nußdorf am Attersee

Wer mit dem Regionalzug von Salzburg oder Linz in Vöcklamarkt ankommt, findet gegenüber dem ÖBB-Bahnhof den Bahnhof der Lokalbahn Vöcklamarkt-Attersee, die seit 1913 auf meterspurigem Geleise (13,3 km Streckenlänge) die Westbahn mit dem Ort Attersee am nordwestlichen Ufer des gleichnamigen Sees verbindet. Die elektrische Bahn, deren Betriebsremise in Attersee steht wird von Stern & Hafferl unter Mitwirkung des Landes Oberösterreich betrieben.

Attersee, der Hauptort des Sees, am westlichen Ufer des Atter- oder Kammersees liegend, in dem sich im 9. Jhdt. ein Königshof befand, war schon in der Jungsteinzeit besiedelt, wie Pfahlbautenfunde in den Ortsteilen Altenberg und Aufham belegen. Der Schloßberg, wo heute die Maria-Himmelfahrts-Kirche steht, war erstmals 885 urkundlich als „Atarnhova" (Atterhofen) erwähnt und war Standort einer karolingischen Kaiserpfalz, die mehrmals von fränkischen Königen, darunter 888 König Arnulf, besucht wurde. Diese Burg wurde mit Befestigungsanlagen ausgebaut und war im Hochmittelalter das weltliche Zentrum des Attergaus. Von den Habsburgern wurde der Herrschaftsbereich 1379 erworben und aus wehrtechnischen Gründen eine neue Befestigung auf dem Koglberg bei St. Georgen errichtet. In Folge jedoch verfiel die Anlage in Attersee. Hervorgehend aus der gotischen Burgkapelle wurde im 14. Jhdt. die Pfarrkirche errichtet. Im Jahre 1652 wurde das Gnadenbild „Maria in der Sonne" von St. Georgen nach Attersee gebracht, damit wurde die Kirche zum Wallfahrtsort. Im 18. Jhdt. ließ der Patronatsherr Graf Khevenhüller die Kirche barockisieren.

Attersee

Fläche	*14,62 km²*
Einwohner	*1.588 (1.1.2012)*
Höhe	*496 m ü. A.*

Nußdorf am Attersee

Fläche	*27,5 km²*
Einwohner	*1.097 (1.1.2012)*
Höhe	*500 m ü. A.*

Der Ort Attersee mit seinen beiden Kirchen: Der Wallfahrtskirche Maria Himmelfahrt am Kirchberg und der tiefer gelegenen evangelischen Kirche. Dahinter erhebt sich der Buchberg, der dem Ort einen natürlichen Schutz gegen Norden bietet.

Paradiesisch ladet das kühle Nass zum Baden ein.

Im Ort Attersee ist die Endstation der Bahnstrecke Vöcklamarkt-Attersee, einer Verbindung, die in Zeiten des alles beherrschenden Autoverkehrs nicht zuletzt wegen ihrem einzigartigen Ausflugscharakters erhalten wurde und deren Benützung ein besonderes Erlebnis darstellt. Gegenüber am Ostufer liegt Weyregg, vor der Bergkette des Höllengebirges. Auf der linken Bildseite ist das Tote Gebirge zu erkennen und am rechten Bildrand das Dachsteinmassiv, welches im Süd-Westen den Abschluss des Salzkammergutes bildet. Der nächste Ort am Westufer gelegen ist Nußdorf.

Als „Nisdorf" wurde 1190 der Ort Nußdorf erstmals urkundlich erwähnt. Die Pfarre Nußdorf dürfte sich Anfang des 14. Jhdts. verselbständigt haben und war in der Gegenreformation eine Predigtstelle der Jesuiten. Nach Gewährung der Religionsfreiheit (Toleranzpatent durch Kaiser Joseph II. 1781) errichteten 30 evangelische Familien in Zell (heute Ortsteil von Nußdorf) eine „Konfessionsschule", in der von 1789 bis 1925 die meisten evangelischen Kinder des Attersee- und Attergaugebietes unterrichtet wurden. Im Juni des Jahres 1857 fiel ein Großteil des Ortszentrums einem Brand zum Opfer. Die Mehrzahl der Bewohner war zu diesem Zeitpunkt zu einer Hochzeitsfeier in Weyregg am gegenüber liegenden Seeufer geladen. Da starker Sturm herrschte, war es ihnen nicht möglich, den See zu übersetzen und sie mussten tatenlos zusehen, wie ihr Hab und Gut ein Raub der Flammen wurde.

In der Pfarrkirche zum Hl. Mauritius ist ein Marienbild auf der linken Seite des Kirchenraumes erwähnenswert, das vom akademischen Maler Emanuel Oberhauser geschaffen wurde.

Als Modell für das Gesicht der Madonna verwendete der Maler ein Porträt von Emma Adler (1858-1935), der Gattin von Victor Adler, dem Mitbegründer der sozialdemokratischen Partei Österreichs; das Ehepaar Adler verbrachte mehrmals den Sommerurlaub in Parschallen, heute ein Ortsteil von Nußdorf. Dem Vorwurf, eine Jüdin abgebildet zu haben, begegnete der Maler damit, dass auch Maria eine Jüdin war.

Erwähnenswert ist auch die Ransonnet-Villa in Nußdorf, die 1873 von Eugen Freiherr von Ransonnet-Villez erbaut wurde. Ransonnet war ein weitgereister Offizier der k.u.k Marine, der sich auch als Maler und Schriftsteller betätigte. So malte er um 1860 in einer Tauchglocke die Korallenwelt des Indischen Ozeans. Von seinen Reisen brachte er zahlreiche Bäume und Gewächse mit, die er im Park der Villa, die heute das Seminar „Grafengut" beherbergt, pflanzen ließ. 1866 gründete Ransonnet den Union-Yachtclub-Attersee.

Der See mit der Schiffsanlegestelle im Ort Attersee.

Zahlreich finden sich Segelclubs rund um den See, wie hier der Union Yachtclub Attersee und der Segelclub Attersee.

Der Blick über Nussdorf auf den Attersee mit dem Höllengebirge.

Den Wunsch, die Sommerzeit am See zu verbringen, verwirklichen viele Menschen auf modernen und komfortablen Campinganlagen wie hier in Nußdorf.

Nussdorf am Attersee mit seinen Freizeiteinrichtungen am See und dem freien Blick auf das Höllengebirge.

ATTERSEEREGION

Unterach am Attersee

In Unterach am Attersee, das am südwestlichen Seeufer liegt, mündet die Seeache in den Attersee, die diesem das Wasser des Mondsees zuführt. Bei Unterach wurden Überreste einer aus der jüngeren Steinzeit und Bronzezeit stammenden Pfahlbausiedlung nebst Steinwerkzeugen und Bronzegeräten gefunden. Aus der Zeit der römischen Kolonisation kamen Gebrauchsgegenstände, Werkzeuge und keramische Bruchstücke zu Tage. Erstmalig wurde Unterach im Jahre 748 als „Untraha" urkundlich erwähnt, gehörte vorerst zur königlichen, späteren kaiserlichen Pfalz „Atterhofen" und teilte folgend das Schicksal des Attergaus. Die oberhalb des Hauptplatzes liegende Kirche, die dem Hl. Bartholomäus geweiht ist, stammt in ihrem Kern aus dem 15. Jhdt. und erhielt ihre heutige Form 1783; besonders bemerkenswert ist das den Hl. Bartholomäus darstellende Altarbild, das Bartholomäus Altomonte zugeschrieben wird. Die barock gehaltene Kanzel stammt aus der Pfarrkirche Mondsee. Eine Ansicht der Kirche findet sich auch auf einem Bild Gustav Klimts. Unterach hat besonders in der Vergangenheit Künstler angezogen, wie z. B. Hugo Wolf, Johannes Brahms, Arthur Schnitzler, Felix Salten, Maria Jeritza, um nur einige zu nennen. Ing. Viktor Kaplan, dessen Hauptinteresse die energetische Nutzung der Wasserkraft war und der die Kaplan-Turbine erfand, lebte von 1922 bis 1934 in Unterach und fand hier seine Ruhestätte. Oberhalb des Ortes liegt ein Edelkastanienwald. Dies ist der einzige Platz nördlich der Alpen, wo Edelkastanien bis zur Reife gedeihen. Übrigens verkehrte in der ersten Hälfte des 20. Jhdts. eine elektrische Bahn zwischen Unterach und dem Mondsee, um solcherart den Übergang von einem Schiffsverkehr zum anderen zu ermöglichen.

Unterach am Attersee

Fläche	*26,11 km²*
Einwohner	*1.431 (1.1.2012)*
Höhe	*477 m ü. A.*

Unterach am Attersee mit Blick auf Weißenbach und dem Höllengebirge auf der linken Bildhälfte; rechts sind noch die Ausläufer des Schafbergs zu sehen.

Unterach mit Blick zum dahinter liegenden Mondsee mit der Drachenwand.

Das Höllengebirge fällt hier steil und felsig in die Tiefe, wo Weißenbach am Seeufer liegt. Der südliche Teil des Attersees wird von Bergen förmlich umrahmt. Der Schafberg in der Bildmitte zeigt uns seine steile Nord-Ostwand, rechts darunter befindet sich der Mondsee.

ATTERSEEREGION

Steinbach am Attersee

Steinbach am Attersee

Fläche	*61,11 km²*
Einwohner	*853 (1.1.2012)*
Höhe	*509 m ü. A.*

Ganz im Südosten des Sees, in Weißenbach am Attersee, findet sich ein „Künstlerweg", der auf die Bezüge des Dichters Heimito von Doderer, des Schauspielers Otto Tressler, des Komponisten Friedrich Gulda, der Burgtheatermimin Charlotte Wolter, des Komponisten Gustav Mahler und des Malers Gustav Klimt zur Gegend verweist.
Von dem am Ostufer des Attersees, am Fuße des Höllengebirges, liegenden Ort Steinbach, der schon im 8. Jhdt. urkundlich erwähnt wurde, zweigt eine Straßenverbindung nach Altmünster am Traunsee ab. In dem Hügel, auf dem die Ortskirche (dem Hl. Andreas geweiht) steht, wurden bei Grabungen auf dem die Kirche umgebenden Friedhof im Jahre 1855 Skulpturen heidnischer Gottheiten aus Stein und Metall gefunden, was auf eine vorchristliche Kultstätte schließen lässt. Auch soll eine unterhalb der Kirche befindliche warme Quelle leidenden Menschen geholfen haben.
Der Turm der spätgotischen Kirche wurde vermutlich Anfang des 15. Jhdts., das Kirchenschiff im 16. Jhdt., errichtet. 1858 wurde das gotische Turmdach durch eine Zwiebelhaube ersetzt. In einem Kirchenfenster befindet sich das Wappen des Kardinals Matthias Lang (Koadjutor des Salzburger Erzbischofs Leonhard von Keutschach) mit der Jahreszahl 1516. Das Oratorium der rechten Seite des Altarraumes erhielt im Volksmund die Bezeichnung „Jagastüberl", da es für das Personal des Forstamtes Attergau reserviert war.
Im Kirchturm, in der achteckigen Glockenstube, hängt das sogenannte „Zungenglöcklein", das nach seiner Inschrift im Jahre 910 gegossen wurde und Erzählungen nach 1410 von einem Hirten in Altmünster im Erdreich gefunden und hierher gebracht wurde. Kaiserin Maria Theresia errichtete in Steinbach 1752 ein Missionsinstitut, das die Aufgabe hatte, im Attergau, wo der Protestantismus im Geheimen noch rege fortlebte, durch Missionare entsprechend dagegen zu wirken. Mit der neuen Kirchenorgel aus dem Jahre 2002 wurden im Rahmen der „Steinbacher Philharmonischen Wochen" schon viele beachtete Konzerte gegeben. Der Friedhof von Steinbach birgt auch das Grab des Pianisten Friedrich Gulda, der viele Jahre in Weyregg lebte und im Jahre 2000 starb.

Steinbach am Attersee mit dem in den See ragenden Ortsteil Seefeld, wo sich viele Freizeiteinrichtungen befinden. Der weitere Blick führt uns über den See in Richtung Norden nach Nußdorf, Attersee, Litzlberg und Weyregg.

Die Freizeiteinrichtungen im Ortsteil Seefeld, dahinter das Ortszentrum von Steinbach vor den steilen und schroffen Wänden des Höllengebirges.

Weyregg am Attersee

Weyregg am Attersee

Fläche	54,62 km²
Einwohner	1474 (1.1.2012)
Höhe	482 m ü. A.

Weyregg, am Ostufer des Attersees, dem Ort Attersee gegenüber, gelegen, ist aufgrund seiner Lage in einer sanft abfallenden Landschaft von der Sonne so sehr begünstigt, dass den Badenden im Sommer die Sonne vom frühen Morgen bis zum Abend folgt. Das flache Ufer begünstigt hier auch das Badevergnügen von Kindern oder weniger geübten Schwimmern. Der Ort verfügt auch über zwei Tauchbasen und ist deshalb bei den Tauchsportlern sehr beliebt. Im Winter besteht Gelegenheit, auf dem 800 m hohen Wachtberg dem Wintersport zu frönen. Weyregg liegt an der Stelle einer ehemaligen römischen Kolonie, die zahlreiche Spuren hinterlassen hat. So wurden bauliche Fragmente einer Villa freigelegt, Mosaikreste, Gräber und Münzen gefunden.

Weyregg mit dem Blick über den See zum Ort Attersee und dem Buchberg dahinter.

Weyregg in der Übersicht von Süd-Osten aus gesehen in Richtung Litzlberg

Weyregg ist nicht nur von der Natur mit einem besonders schönen Seeufer beschenkt worden, sondern auch mit vielen bewaldeten Bergen und Hügeln, wie den Gahberg (864m) hinter der Ortschaft. Der Ort Weyregg ist mit einem Flächenanteil von 61% Wald auch eine sehr grüne Gemeinde.

Weyregg Motive

DER ATTERGAU

St. Georgen · Straß · Berg · Weißenkirchen

Der einige Kilometer nordwestlich des Attersees befindliche Ort St. Georgen wurde 1463 zum Markt erhoben; im Gedenken daran werden jährlich der Simonimarkt und der Faschingsdienstag-Markt abgehalten. Die dem Hl. Georg geweihte Pfarrkirche wurde von 1389 bis 1406 erbaut, wobei als erstes der als Wehrturm ausgebildete Turm errichtet wurde. Auf dem Hausberg St. Georgens, dem Kogl, wurde im 13. Jhdt. die Burg Kogl erbaut, von der noch Mauerreste zeugen. Als 1379 die Habsburger die Herrschaft übernahmen, wurde der Herrschaftsmittelpunkt aus wehrtechnischen Gründen von Attersee hierher verlegt. Der Verfall der Burg Kogl setzte ein, als diese seit 1524 nicht mehr bewohnt wurde.

Auf dem Kogl findet sich auch der „Keltenbaumweg", ein Themenweg, der das Leben der Kelten (im 4. Jhdt. v. Chr. war die Gegend Teil des keltischen Königreichs Noricum) näher bringen soll. Das am Fuß des Koglbergs liegende Schloss Kogl wurde von 1435 bis 1441 als Schloss Neu-Attersee erbaut. Das Schloss in hufeisenförmiger Anlage wurde 1710 umgebaut und erfuhr in Folge noch mehrere Umgestaltungen.

Wenige Kilometer nordwestlich bzw. nördlich von St. Georgen befinden sich Frankenmarkt und Hausham aus deren Geschichte noch zu berichten ist: Als sich im Jahre 1625 die zum größten Teil protestantischen Bauern gegen die Einsetzung eines römisch-katholischen Geistlichen in Frankenburg erhoben und damit gegen die Gegenreformation aufständisch wurden, versprach der bayerische Statthalter Adam Graf von Herberstorff „Gnade", wenn die Aufständischen ohne Waffen zum Haushamerfelde kommen würden, weshalb die Rebellion nach drei Tagen aufgegeben wurde und die Bauern der Aufforderung nachkamen. So kam es in der Nähe des Attersees, auf dem Haushamerfelde bei Frankenburg, zu einem Blutgericht, das als „Frankenburger Würfelspiel" in die Geschichte einging. Adam Graf von Herberstorff ließ von 36 Bauerführern jeweils zwei um ihr Leben würfeln und die Verlierer durch den Strick hinrichten. In Erinnerung an dieses grausame Ereignis wird in zweijährigem Abstand, jeweils in ungeraden Jahren, in Frankenburg dieses Würfelspiel mit etwa 400 Laiendarstellern aufgeführt.

Sankt Georgen im Attergau

Fläche	15,58 km^2
Einwohner	4.146 (1.1.2012)
Höhe	540 m ü. A.

Straß im Attergau

Fläche	30,84 km^2
Einwohner	1485 (1.1.2012)
Höhe	570 m ü. A.

Berg im Attergau

Fläche	20,57 km^2
Einwohner	1003 (1.1.2012)
Höhe	654 m ü. A.

Weißenkirchen im Attergau

Fläche	26,7 km^2
Einwohner	930 (1.1.2012)
Höhe	650 m ü. A.

Eingangsbereich der Pfarrkirche St. Georgen im Attergau.

Blick auf St. Georgen mit dem Attersee und dem Höllengebirge. Im Vordergrund das Schloss Kogl mit der Allee, die zum Ort führt.

Schloss Kogl im Vordergrund und dahinter der Koglberg, dem alten Standort der Burg Kogl aus dem Jahre 1264. Das neu errichtete Schloss Kogl stammt in der jetzigen Form aus der Mitte des 18. Jhdts. und strahlt renoviert heute wieder in neuem Glanz.

Die Marktgemeinde St. Georgen im Attergau mit der Marktstraße und der Pfarrkirche, die dem heiligen St. Georg geweiht ist. Schön zu sehen ist auch der Kalvarienberg am südlichen Ortsrand.

Straß im Attergau mit den Ortsteilen Mitterleiten und Oberleiten am Fuße des Lichtenbergs und dahinter der Kronberg mit dem Attersee.

FUSCHLSEE REGION

Thalgau

An der Fuschler Ache, nördlich des Fuschlsees, etwa auf halbem Wege zwischen der Stadt Salzburg und dem Ort Mondsee, liegt die Gemeinde Thalgau, die mit dem Salzkammergut und der Stadt Salzburg einst durch die Salzkammergut-Lokalbahn verbunden war. In Thalgau, das auch als „Tor zum Salzkammergut" benannt wird, wurden Reste einer römischen Villa aus dem 2. Jhdt. aufgefunden. Der erste urkundliche Nachweis findet sich als „Talgov" im Jahre 788 im „Arnonischen Güterverzeichnis", das Arno, Bischof von Salzburg, dazumal anlegen ließ, um die weitverstreuten Stiftungen und Besitztümer, welche die Kirche von den Agilolfingern erhalten hatte, zu erfassen und es ist dieses Verzeichnis eines der ersten Liegenschaftskataster der Welt. Die Dekanatskirche St. Martin wird schon um 700 mit der Gründung des Ortes erwähnt und der heutige Kirchenbau stammt aus dem Jahre 1755. Der barocke Hallenbau weist noch ein gotisches Taufbecken auf und aus dieser Zeit stammt auch der Unterbau des Turms mit den Eingängen. Der zur Kirche gehörende Dechantshof (in seiner heutigen Form im 16. Jhdt errichtet) wird von der im 18. Jhdt. erbauten Kreuzkapelle flankiert. Im Gebiet von Thalgau, auf einem Felsvorsprung des Schobers, befindet sich die Ruine Wartenfels. Im 13. Jhdt. als Burg von Konrad von Steinkirchen und dessen Schwiegersohn Konrad von Kalham errichtet, wurde sie 1301 an das Erzbistum Salzburg verkauft und in der Folge ein Pfleggericht eingerichtet, das bis 1564 bestand. Die im Bauernkrieg 1525/26 niedergebrannte Burg wurde nicht mehr vollständig instand gesetzt und nach dem Abzug des Pfleggerichts dem Verfall preisgegeben. In den Jahren 1541/42 soll sich Theophrastus Paracelsus oftmals in der Burg aufgehalten und in enger Beziehung zur Frau des Pflegers gestanden haben. Im Gemeindegebiet befindet sich auch die „Hundsmarktmühle Thalgauegg", die im 16. Jhdt. als „Mühle am Gailnbach" errichtet wurde und bis 1940 in Betrieb war. 1989 wurde das Objekt von der Marktgemeinde Thalgau angekauft und zu einem Museum und Veranstaltungsort gemacht.

Thalgau

Fläche	48,2 km^2
Einwohner	5.560 (1.1.2012)
Höhe	545 m ü. A.

Diesen Panoramablick in Richtung Salzburg bietet der Frauenkopf, der Nachbargipfel des Schober, und lässt im letzten Abendlicht die Silhouette des Fuschlsees, Untersbergs, Hochstaufens, Gaisberges und den Nockstein erkennen.

Thalgau mit dem nahen Mondsee, dahinter der Schober und der Frauenkopf, weiter zur Schatzwand und Drachenwand, dazwischen schaut die Spitze des Schafbergs hervor.

Der Ort Thalgau hat sich in den letzten Jahrzehnten durch sein Platzangebot für Wohnbau und Gewerbebetriebe durch die Nähe der Stadt Salzburg und die gute Verkehrsanbindung besonders rasch entwickelt.

Die Burgruine Wartenfels am Fuße des Schober mit Mondsee dahinter.

In der Bildmitte der Schober zwischen Frauenkopf und Schatzwand, folgend die Drachenwand vor dem Mondsee – dahinter der südliche Teil des Attersees mit dem Höllengebirge und am Horizont das Tote Gebirge. Der Wolfgangsee ist hier rechts im Bild mit Schafberg und Osterhorngruppe, dem Dachstein und Gosaukamm als Abschluss dahinter.

FUSCHLSEEREGION

Hof bei Salzburg · Fuschl am See

Auf der Bundesstraße von Salzburg nach Bad Ischl fahrend erreicht man nach Baderluck, einem Ortsteil von Hof, alsbald den Fuschlsee. Am Westufer des Sees, der in einem weiten Talkessel liegt, findet man das am Ufer stehende Schloss Fuschl, das im 15. Jahrhundert von Salzburger Erzbischöfen als Jagdschloss erbaut wurde. Das Schloss ist heute in Privatbesitz und wird als Hotel genutzt. Am südwestlichen Ende des 4,1 km langen Sees liegt der Ort Fuschl am See, der im 15. Jhdt. begründet wurde. Ein Salzburger Bürger ließ aufgrund eines Gelübdes 1655 an der Pilgerstraße nach St. Wolfgang, in Fuschl, eine Kapelle errichten, die 1668 nachträglich die kirchliche Baubewilligung, jedoch keine Messlizenz erhielt. Die dem Hl. Erasmus geweihte Kapelle erhielt 1802 eine Kuratie mit regelmäßigen Gottesdiensten. 1804 begann der Bau der derzeitigen Kirche, der 1806 vollendet wurde und der sie umgebende Friedhof wurde 1810 angelegt. 1916 mussten die Kirchenglocken als Kriegsdienstleistung abgegeben werden und wurden 1922 wieder ersetzt; dies wiederholte sich 1942 und es war durch die Opferbereitschaft der Bevölkerung möglich, 1949 wiederum ein Geläute anzuschaffen. Dem Ort gegenüber, an der Westseite der Bundesstraße, die zum Wolfgangsee weiterführt, befindet sich der Sitz eines weltumspannenden Konzerns, der durch die Besonderheit der Architektur, die Modernität behutsam in die bestehende Landschaft einbindet, beachtenswert ist.

Der Fuschlsee

Fläche	2,7 km^2
Länge	4,1 km
Breite	0,9 km
Höhe	664 m ü. A.
Wassertiefe	67,3 m
Wassermenge	97,43 Mill m^3

Hof bei Salzburg

Fläche	19,64 km^2
Einwohner	3.312 (1.1.2012)
Höhe	739 m ü. A.

Fuschl am See

Fläche	21,4 km^2
Einwohner	1.482 (1.1.2012)
Höhe	669 m ü. A.

Der Blick über den Fuschlsee, am Nordufer im Vordergrund der Badestrand von Hof mit dem Schloss Fuschl und dem Golfplatz. Dahinter die markanten Erhebungen des Schober und Schafbergs.

Hof bei Salzburg

Das Schloss Fuschl auf seinem einzigartig imposanten Platz mit herrlicher Aussicht über den See, dahinter das naturbelassene Nordufer des Sees mit dem Naturbadestrand der Gemeinde Hof.

links oben: Sonnenuntergang im Ort Fuschl beim Boostsverleih.
links unten: Der Badesteg im Herbst beim Naturstrandbad in Hof.

oben rechts: Das Schloss Fuschl aus der Vogelperspektive.
unten rechts: Ein Teil des Red Bull Gebäudes mit dem angelegten kleinen See davor.

Fuschl am See mit seinen Hausbergen Schober, Frauenkopf und dem Ellmaustein. Der Ort Fuschl ist der Standort der weltbekannten Marke Red Bull, dessen Firmengebäude im Vordergrund zu sehen sind.

Das Ortszentrum von Fuschl am See mit dem Ellmaustein dahinter.

Im letzten Abendlicht der Blick vom Frauenkopf auf Fuschl am See, zu den Bergen der Osterhorngruppe mit dem Faistenauer Schafberg (1559m) und rechts dem Filbling (1307m), dahinter am Horizont das Tennen- und Hagengebirge und die Berchtesgadner Alpen mit dem Hohen Göll.

Sonst von Badelustigen bevölkert und jetzt im Herbst Schauplatz dieses farbenfrohen Lichtspiels.

Im Vordergrund der Filblingsee in 1064m Höhe, dahinter liegt der Fuschlsee mit dem Ort Fuschl und dem 1328m hohen Hausberg von Fuschl, dem Schober und dem Frauenkopf. Weiter hinten die Schatzwand und die Drachenwand mit der bewaldeten Südseite.

Frühlingsmorgen am Nordufer des Fuschlsees bei Hof mit Blick auf das Schloss Fuschl Richtung Süden.

Blick auf Fuschl am See mit dem dahinterliegenden Ellmaustein, der 994m hoch ist und eine herrliche Aussicht bietet. Im Hintergrund befindet sich der Wolfgangsee und links davon der Schafberg. Auf der rechten Bildseite sind die Gipfel der Osterhorngruppe mit dem Dachsteinmassiv darüber zu sehen.

FUSCHLSEEREGION

Koppl · Ebenau

Koppl

Fläche	*20,9 km^2*
Einwohner	*3.278 (1.1.2012)*
Höhe	*755 m ü. A.*

Ebenau

Fläche	*17,7 km^2*
Einwohner	*1.389 (1.1.2012)*
Höhe	*623 m ü. A.*

An der von der Stadt Salzburg nach Bad Ischl führenden Bundesstraße findet man am Fuße des Gaisberges die Gemeinde Koppl, die in der Übergangszone von der Osterhorngruppe und dem Salzburger Seengebiet liegt. Die Koppler Kirche wird bereits im 13. Jhdt. als Vikariatskirche von Seekirchen schriftlich erwähnt und nach einem Brand 1816 und folgender Wiederherstellung am 12. Juli 1886 durch Erzbischof Franz Albert Eder wieder eingeweiht. Bis zur Säkularisation unter Kaiser Josef II. war Koppl auch Sitz einer Hofmark des Bischofs von Chiemsee. Im Gemeindegebiet liegt der Ortsteil Guggenthal mit dem gleichnamigen Gut, das 1272 und dem Jagdschloss Guggenthal, das 1588 urkundlich erwähnt wurde. Der Name Guggenthal leitet sich der Sage nach von einem Drachen ab, der dort gehaust haben soll und ins Tal guckte. Die Guggenthaler Pfarrkirche wurde im 19. Jhdt. durch Baumeister Ceconi im neugotischen Stil errichtet; erwähnenswert ist die Kirchenkanzel aus 1512, die vom alten Salzburger Dom stammt.

Nach Koppl führt uns der Weg durch das Wiestal nach Ebenau, das erstmals 1182 in einer Widmungsurkunde der Pfarrkirche Erwähnung fand. 1585 erhielten die Gebrüder Stainhauser vom Salzburger Erzbischof die Genehmigung, einen Messinghammer zu errichten. Die vorhandene Wasserkraft zum Werksbetrieb und der Holzreichtum zum Betrieb der Schmelzöfen, machten Ebenau zum Zentrum der Waffenproduktion für die Salzburger Erzbischöfe. Die Produktion von Waffen und die Metallverarbeitung wurde 1875 endgültig eingestellt. Ebenau war der Pfarre Thalgau unterstellt und wurde nach dem 1699 bewilligten Bau der Kirche St. Florian 1703 zum Vikariat und 1857 zur selbständigen Pfarre erhoben. Die aus dem 17. Jhdt. stammende Waschlmühle verfügt als eine der seltenen Doppelmühlen über zwei Wasserräder, ist noch heute betriebsfähig und ist Ausgangspunkt des Ebenauer Mühlenwanderweges, dessen Verlauf fünf Bauernmühlen säumen und der zu einem Wasserfall und dem Naturbad Plötz führt.

Auf schmaler, gewundener Straße, an dem 1964 gegründeten Werkschulheim Felbertal vorbei, in dem erstmalig zugleich ein Handwerk erlernt und die Matura abgelegt werden konnten, gelangt man durch die wildromantische Strubklamm nach Faistenau.

Koppl ist die am westlichsten gelegene Gemeinde des Salzkammerguts und Nachbar der Stadt Salzburg. Das Ortszentrum von Koppl liegt östlich von Gaisberg und Nockstein; hier in Blickrichtung Süden zu den Bergen der Osterhorngruppe, dem Tennengebirge und rechts am Horizont der Hohe Göll, das Steinerne Meer und der Watzmann.

FUSCHLSEEREGION

Faistenau · Hintersee

Faistenau

Fläche	*51,2 km²*
Einwohner	*2940 (1.1.2012)*
Höhe	*784 m ü. A.*

Hintersee

Fläche	*47,33 km²*
Einwohner	*453 (1.1.2012)*
Höhe	*746 m ü. A.*

Der Ort Faistenau wurde als „Uitzenau" erstmals 1182 in einer Schenkungsurkunde des Erzbischofs Konrad III. erwähnt, der Tiefbrunnau (heute ein Ortsteil der Gemeinde Faistenau) der Pfarre Thalgau schenkte. Mit einer Stiftungsurkunde des Erzbischofs Friedrich III. wurde 1324 der Kirchenbau erlaubt. Die Kirche, die inmitten des sie umgebenden Friedhofes steht und die dem Hl. Jakobus geweiht ist, wurde 1625 um die Kapelle der 14 Nothelfer erweitert und weiters die Ausstattung barockisiert. An der Südseite des Langhauses findet sich ein Karner (Beinhaus), der durch ein Fenster von außen her einsichtig ist. Im Kirchenschiff, in den nördlichen Fensterbögen, sind Fresken zu sehen, die aus dem Jahr 1517 stammen. Der Dorfplatz neben Kirche und Friedhof wird von einer mächtigen „tausendjährigen" Linde beherrscht, die Mittelpunkt des dörflichen Lebens ist, werden doch hier der Jakobi-Kirtag und andere Festlichkeiten abgehalten und der „Faistenauer Jedermann" aufgeführt. Es wird angenommen, daß die Linde im 12. Jhdt. als Zeichen der Gemeinsamkeit von den ersten Siedlern gepflanzt wurde und ihre Bedeutung wird auch dadurch sichtbar, dass sie im Gemeindewappen enthalten ist. Der Baum hat eine Höhe von über 20 m und einen Stammumfang von mehr als 9 m. Der Volksmund sagt, dass „Linden dreihundert Jahre kommen, dreihundert Jahre stehen und dreihundert Jahre vergehen". Bekanntheit gewann Faistenau auch durch die weitgehend dort gedrehte ORF-Fernsehserie „Vier Frauen und ein Todesfall".

Von Faistenau in Richtung Talschluss fahrend, erreicht man nach wenigen Kilometern den Hintersee. Der Hintersee, der 1,5 km lang, 700 m breit und bis zu 22 m tief ist, liegt inmitten eines Landschaftsschutzgebiets und gehört überwiegend zum Gemeindegebiet von Faistenau. Nur ein kleiner Teil des südlichen Bereiches liegt in der an den See anschließenden Gemeinde Hintersee. Der See wird von den Zuflüssen Taugl (aus Hintersee) und Brunnbach (aus dem Faistenauer Ortsteil Tiefbrunnau) gespeist und fließt über den durch die Strubklamm führenden Almbach ab. Der See versorgt auch über eine 4,4 km lange unterirdische Rohrleitung das Strubklamm-Stromkraftwerk. Ein schöner Rundwanderweg führt um den See, der von mehreren öffentlichen Badeplätzen gesäumt ist.

Die in südlicher Richtung nach dem See befindliche Gemeinde Hintersee ist schon im 7. Jhdt. als Gebiet nachweisbar, das damals zu Bayern gehörte. Eine Besiedelung des Bereichs, der bis dahin bloß von Jägern durchstreift wurde, ist ab dem 12. Jhdt. nachweisbar. Die den Hl. Leonhard und Georg geweihte Pfarrkirche ließ Erzbischof Hieronymus Graf Colloredo 1785 errichten. Der Text Dichter und Initiator des Weihnachtsliedes „Stille Nacht, heilige Nacht", Joseph Mohr, betreute die Pfarre von 1827 bis 1837 als Pfarrvikar. Von Hintersee aus gibt es Wanderwege und Aufstiege zu mehreren bewirtschafteten Almen. Darüber hinaus ist Hintersee-Gaißau auch ein beliebtes Schigebiet.

Der Hintersee liegt auf einer Seehöhe von 688m auf großteils Faistenauer Gemeindegebiet. Der See befindet sich im Landschaftsschutzgebiet, Erholungssuchende schätzen seine Naturbelassenheit.

Faistenau und dahinter der Stausee Vordersee, deren Wasserkraft gemeinsam mit dem Hintersee und dem Wiestal Stausee, zur Stromgewinnung verwendet wird. Am Horizont erheben sich von links der Untersberg, der Schwarzenberg und der Hochstaufen.

Der Stausee Vordersee wurde 1909 als Speicher für das Kraftwerk Strubklamm errichtet, im Hintergrund etwas erhöht liegt Faistenau.

Das Ortszentrum der Gemeinde Hintersee (oben), beckenförmige Felsausschwemmungen am Almbach, die auch gerne von Badenden benützt werden. (unten)

DER WOLFGANGSEE (AUCH ABERSEE)

Das Nostalgieschiff Kaiser Franz Josef I. fährt nach wie vor am Wolfgangsee.

Der Wolfgangsee

Fläche	*12,84 km²*
Länge	*10 km*
Breite	*1,9 km*
Höhe	*538 m ü. A.*
Wassertiefe	*114 m*
Wassermenge	*667 Mill m³*

Der Wolfgangsee liegt im Westen des Salzkammerguts, überwiegend im Bundesland Salzburg, lediglich ein kleiner Teil gehört zum Bundesland Oberösterreich. Schon 790 wurde der See als „Abriani lacus" urkundlich erwähnt und der heute selten gebrauchte Name Abersee dürfte auf den alten bajuwarischen Personennamen „Aparin", auch „Abarwin", zurückgehen, von dessen Träger angenommen wird, dass er als erster die Fischereirechte auf dem See übertragen bekommen hat. Im Volksmund wird Abersee von „aper" abgeleitet, weil der See nur selten in ungewöhnlich kalten Wintern zufriert. Um 750 schenkte der Bayernherzog Odilo das Gebiet des Abersees der Salzburger Kirche, um es durch Mönche kultivieren zu lassen.

Der in einer Nordwest-Südost-Achse liegende See hat eine Fläche von 13 km², ist 10 km lang und bis zu 1,9 km breit. Seine tiefste Stelle von 114 m befindet sich im Osten des Sees, bei der Falkensteinwand. Aufgrund seiner hohen Wasserqualität wurde der See von der EU zu einem Referenzgewässer ernannt, in dem unter anderem auch der Perlfisch seinen Lebensraum findet, der nur in sehr sauberen Gewässern vorkommt. Die Ausübung des Tauchsports wird durch das sehr klare Wasser des Sees begünstigt.

Durch den Geschiebeeintrag des Zinkenbachs am südlichen Westufer reduziert sich die Seebreite dort auf 200 m und der See wird dadurch in zwei Becken geteilt. Der See wird im Süden durch die Ischl, die nächst Bad Ischl in die Traun mündet, entwässert. Von der im Norden des Sees über dem Ort St. Gilgen befindlichen Höhe ist der See in seiner gesamten Länge übersehbar. Im Osten wird er vom Schafberg, im Westen vom Zwölferhorn und Osterhorn, im Süden vom Gamsfeld und Rinnkogl, um nur einige der Berge zu nennen, umrahmt.

Der Wallfahrtsort St. Wolfgang am Ostufer des Sees führte schon frühzeitig zu einer Personenschifffahrt für die Pilger. Schon im Mittelalter waren für die Pilgerschifffahrt jeweils 14 Zillen für St. Gilgen und St. Wolfgang festgelegt und die „Schifffahrtsordnung der Schöffleute" aus 1647 legte die Rechte und Pflichten für den Transport der Pilger fest. Die Dampfschifffahrt auf dem Wolfgangsee begann am 20. Mai 1873 mit dem Raddampfer „Kaiser Franz Josef I.", der im Zuge der Feierlichkeiten zum 25 jährigen Regierungsjubiläum des Monarchen seinen Fahrdienst aufnahm. Neben privaten Anbietern wird der Schiffsverkehr saisonabhängig im Linienbetrieb von der Salzburg AG betrieben, zu deren aus 6 Schiffen bestehenden Flotte die historischen Schiffe „Kaiser Franz Josef I." (1873) und „Kaiserin Elisabeth" (1888) zählen, die aber nicht mehr mit Dampfmaschinen, sondern mit Dieselmotoren betrieben werden.

Segelregatta am Wolfgangsee

DER WOLFGANGSEE

St.Gilgen

Am Nordufer des Wolfgangsees liegt die Gemeinde St. Gilgen, die im 13. Jhdt. aus etwa zehn Häusern bestand. Nach Aufnahme der Linienschifffahrt 1873 und der Errichtung der Salzkammergut-Lokalbahn 1893, die St. Gilgen mit der Stadt Salzburg und mit Bad Ischl verband, nahm der Tourismus seinen Aufschwung, der zur Entwicklung des Ortes wesentlich beitrug.

In Zinkenbach am Wolfgangsee entstand 1927 die „Zinkenbacher Malerkolonie", in der sich in Form einer Sommerfrische Kunstmaler verschiedenster Genres in loser Form und teils mit wechselnden Teilnehmern immer wieder trafen. Diese Art der Zusammenkünfte löste sich ab 1938 auf, als Österreich als Ostmark Teil des Deutschen Reiches wurde. Dieser Malerkolonie ist in St. Gilgen ein Museum gewidmet, in dem Ausstellungen der Werke jener Künstler, die dem Kreis zugerechnet werden können, stattfinden.

Im ehemaligen Pfleg- und Bezirksgericht St. Gilgens (als Gerichtssitz 2002 geschlossen) war Wolfgang Nikolaus Pertl, ein Großvater W. A. Mozarts, Rechtspfleger und wurde von ihm 1718-1720 das Pfleggerichtshaus erbaut. Mozarts Mutter, Anna Maria Pertl, wurde 1720 in diesem Hause geboren. Mozarts Schwester Maria Anna, Nannerl genannt, heiratete den Pflegrichter von St. Gilgen, zog 1784 in das Haus ein und lebte bis zum Tode ihres Mannes, 17 Jahre lang, darin. Der Kulturverein Mozartdorf erwarb 2005 das Haus und baute es zu einem Kultur- und Veranstaltungsort um.

Die erste Kirche St. Gilgens wurde in „Oberdrum", dem heutigen St. Gilgen, nach 1300 erbaut und erstmals 1376 urkundlich im Kreuzfahnenverzeichnis des Stiftes St. Peter erwähnt. 1425 erfolgte aufgrund der gestiegenen Einwohnerzahl ein spätgotischer Neubau, von dem heute noch das Eingangsportal, das Läuthaus und die Vorhalle erhalten geblieben sind. Der Kirchturm der gotischen Kirche wurde am 2.8.1704 während eines Unwetters durch mehrere Blitze getroffen und dadurch so stark beschädigt, dass er abgetragen werden musste. Der Pfleger Franz Anton Berchtold von Sonnenburg bemühte sich um einen Neubau, der 1767 begonnen wurde. Man umbaute die alte Kirche und riss sie erst unter dem Neubau ab, da kein Ausweichraum zur Verfügung stand. Die spätbarocke, dem Hl. Ägidius gewidmete Kirche, wurde am 10.9.1769 durch Erzbischof Sigismund Graf Schrattenbach geweiht.

St. Gilgen

Fläche	*98,88 km²*
Einwohner	*3.784 (1.1.2012)*
Höhe	*545 m ü. A.*

Eine Ansicht von St. Gilgen am Wolfgangsee von der Südost-Seite über dem See aufgenommen.

oben links: Das Ortszentrum mit der neu errichteten Internationalen Schule.
unten links: Ein Wasserbecken an der Seepromenade in St.Gilgen.

oben rechts: Spaß bei einer leicht zu erlernenden Alternative zum Wasserskilauf.
unten rechts: Das Gemeindeamt von St.Gilgen mit dem Mozartbrunnen.

Der Ort St. Gilgen mit Blick über den See. Auf der linken Bildseite liegt Fürberg mit der Falkensteinwand, hinter der man die Kirche von St. Wolfgang erkennen kann. Die schneebedeckte Osterhorngruppe zählt allgemein zu den Salzkammergut-Bergen.

Entlang dem Nordostufer des Wolfgangsees, über den Falkenstein, führt ein Fußweg nach St. Wolfgang, der von der Falkensteinkirche, geweiht „Unserer lieben Frau" und dem Hl. Wolfgang, gesäumt ist. Sie wurde über der Höhle erbaut, in welche der Hl. Wolfgang der Legende nach vor dem Teufel geflohen sein soll, nachdem sich vor ihm der Felsen geöffnet und ihm so Zuflucht geboten hat; in dieser Höhle soll der Hl. Wolfgang fünf Jahre gelebt haben. Ein Kreuzweg, mehrere Kapellen und eine Quelle, die gegen Augenleiden helfen soll, befinden sich um die Kirche, die nach einer vorherigen Kapelle 1626 in ihrer heutigen Form erbaut wurde und eine Wallfahrtskirche ist.

In der Fürbergbucht, nahe dem Falkenstein, befindet sich auf einer kleinen Insel das Ochsenkreuz. Es wird erzählt, dass ein Bauer winters in einem Boot einen Ochsen zum Markt bringen wollte. Das Boot kenterte und der Bauer, der zu ertrinken drohte, wurde von dem Ochsen auf die kleine Insel gerettet, so dass er zum Dank das Kreuz, das heute ein Marterl ist, errichten ließ.
Unweit des Ochsenkeuzes befindet sich am See das Hochzeitskreuz. Der Legende nach vergnügte sich und tanzte eine Hochzeitsgesellschaft im 16. Jhdt. auf dem zugefrorenen See. Das Eis brach und alle Hochzeitsgäste, bis auf das Brautpaar, ertranken. Als Dank für die Rettung ließen die Eheleute das Kreuz errichten.
Von St. Gilgen führt eine Kabinen-Seilbahn auf das den See säumende Zwölferhorn, im Winter ein bei Schifahrern beliebtes Gebiet. Die Seilbahn wurde 1957 errichtet und auf einer Bahnlänge von 2740 m überwindet sie 908 Höhenmeter. Für die Fahrt benötigt sie ca. 15 Minuten und kann pro Stunde 270 Personen befördern. Die auf 1476 m gelegene Bergstation ist als Ausgangspunkt auch bei Wanderern sehr beliebt.

Nordöstlich von St. Gilgen, wo die Mondseestraße über die Scharflinger Höhe St. Gilgen mit Mondsee verbindet, liegt der kleine Krotensee, in dessen Umgebung sich das Schloss Hüttenstein und das Europakloster Gut Aich befinden. Die Brüder des 1993 errichteten Klosters leben nach den Regeln des Hl. Benedikt. Angeschlossen an das Kloster befindet sich das Hildegardzentrum, ein Ambulatorium für Massage, Psycho- und Physiotherapie.

Das Ochsenkreuz bei Fürberg in St.Gilgen.

Vor der Falkensteinwand am Wolfgangsee befindet sich die tiefste Stelle des Wolfgangsees mit 114m.

Die Fürbergbucht mit der Falkensteinwand auf der rechten Bildseite. Von dieser Felswand springen alljährlich Sportler von bis zu 27m Höhe beim Cliff-Diving, Nachahmung nicht empfehlenswert.

Bild oben: Panorama von St. Gilgen mit dem Wolfgangsee und den Salzkammergutbergen; von links: Schafberg, Osterhorngruppe, Dachsteinmassiv mit dem Gosaukamm.
Bilder unten: Der Wanderweg nach Fürberg, an einem wunderbaren Herbsttag, hier beim Brunnwinkl mit dem Schafberg darüber.

Die Fürbergbucht mit dem Ochsenkreuz auf der kleinen Insel und dem beliebten Ausflugsziel Gasthof Fürberg, das auch mit den Linienschiffen erreichbar ist.

Der Blick auf St. Gilgen mit dem Wolfgangsee, vor dem sich der Krotensee mit dem Schloss Hüttenstein befindet. Dahinter die Gipfel der Osterhorngruppe und am Horizont das Tennen- und Hagengebirge und die Berchtesgadener-Alpen.

Das Zwölferhorn ist mit seiner Höhe von 1522m der Hausberg von St. Gilgen und ein herrlicher Aussichtsplatz. Er erfreut sich Dank der liebevollen nostalgischen Seilbahn aus den 50er Jahren (nach wie vor) zahlreicher Besucher und Wanderer und ist im Winter ein beliebtes Schigebiet.

Von der Bleckwand aus kann man die Gesamtübersicht auf den Wolfgangsee genießen. Auf der linken Bildseite befindet sich St. Gilgen. Dort, wo der See seine schmälste Stelle aufweist, liegt der Ortsteil Abersee, gegenüber Ried und St. Wolfgang am Fuße des Schafbergs.

Rechts im Bild, am südlichen Ufer des Sees, liegt Strobl. Die Felszacken am rechten Bildrand gehören dem Hohen Sparber (1502m), der das markante Gegenstück des Schafbergs auf der Westseite des Sees bildet.

DER WOLFGANGSEE

Strobl

Am Südostufer des Wolfgangsees, beim Abfluss des Sees, der Ischler Ache, die folgend in die Traun mündet, liegt der Ort Strobl. Im 14. Jhdt. entwickelte sich der Ort aus dem „Gut am Schober“, einer Taverne und einem Stützpunkt für das aus der Steiermark zur Verschiffung kommende Eisen. Diese erwähnten Einrichtungen und der umliegende Besitz des Salzburger Domkapitels oblag der Verwaltung einer Familie Strobl, aus welcher der Ortsname hervorging. Der Überlieferung nach bedeutet das Wort Strobl „Strubbeliger Mann“ und in Schriften aus dem 14. Jhdt. scheint ein Friedrich Stroblo als erster Inhaber einer Fischereiaufsicht auf. So ziert auch heute noch ein „Strubbeliger Mann“ das Gemeindewappen. Vom späten Mittelalter bis ins 17. Jhdt. war Strobl ein wichtiger Stützpunkt für Wallfahrer und Fuhrwerker. Gegen 1800 entstand der „Platzlhof“ und wurde als „Wirtshaus zur Post“ Stützpunkt der Thurn und Taxischen Postlinie. In der 2. Hälfte des 19. Jhdts. erlebte Strobl eine Blüte, als die Aristokratie Ausflüge vom unweiten Bad Ischl an den Wolfgangsee unternahm. Leopold, König von Belgien, war in Begleitung seiner Familie unter Aufsicht der Waffen-SS von Anfang 1945 bis zur Befreiung durch die US-Streitkräfte im Mai 1945 hier interniert. Auf der sogenannten Kulturpromenade finden sich Kunstwerke von Toni Schneider-Manzell, Ilse Sprohar und Prof. Eva Mazzucco.

Im Jahre 1758 erteilte der Salzburger Erzbischof Sigismund III. Christoph von Schrattenbach den Auftrag zur Errichtung einer Kirche. Der spätbarocke Kirchenbau wurde am 3. Mai 1761 dem Hl. Sigismund, Namenspatron des Erzbischofs, geweiht und beinhaltet noch seine fast vollständig erhaltene spätbarocke Ausstattung.

Strobl

Fläche	*94,02 km²*
Einwohner	*3.615 (1.1.2012)*
Höhe	*542 m ü. A.*

Strobl am Wolfgangsee mit der Blickrichtung nach St. Wolfgang und den Bergen: von rechts der Bürgl (745m), darüber der Sommeraustein (1275m) und der Vormauerstein (1450m), dann die Spinnerin (1725m) und der Schafberg (1762m). Auf der linken Bildseite sieht man noch das Zwölferhorn bei St. Gilgen.

Strobl mit der Marieninsel und dem Naturschutzgebiet Blinklingmoos im Vordergrund. Neben dem Berg Bürgl auf der linken Seite befindet sich der Abfluss des Sees, die Ischler Ache, welche auch in ihrem weiteren Verlauf die Landesgrenze zwischen Oberösterreich und Salzburg bildet.

Dieser nette Aussichtsplatz mit dem Felsfenster befindet sich auf der 1541m hohen Bleckwand, von der aus man eine herrliche Sicht auf den Wolfgangsee mit Strobl und St. Wolfgang hat.

Strobl mit seiner Pfarrkirche und der Uferpromenade mit dem Schiffsanlegeplatz.

Die Postalm

Vom Ortsteil Weißenbach der Gemeinde Strobl führt in südwestlicher Richtung eine Mautstraße auf die Postalm. Dieses Almgebiet mit einer mittleren Seehöhe von 1300 m ist das größte zusammenhängende Almgebiet Österreichs mit einer Fläche von 42 km² und das zweitgrößte Hochplateau Europas. Bis vor 300 Jahren war der Bereich ein Waldgebiet und wurde, als die Wälder in den Tälern wegen des großen Bedarfes an Sud- und Pölzholz für die Salzgewinnung erschöpft waren, für diesen Zweck abgeholzt. Vor allem die Abtenauer Bergbauern nützten in der Folge das Gebiet, das nicht mehr aufgeforstet wurde, als Weideland und es waren in diesem Bereich bis zu 100 Personen im Almbetrieb beschäftigt. Zu ihrem Namen kam die Postalm, weil ab 1862 Postpferde der Poststation Bad Ischl auf die Alm aufgetrieben wurden. Heute werden auf die Postalm sommers etwa 2000 Rinder, Pferde und Schafe aufgetrieben und das Gebiet wird zum Wandern und für den Wintersport genutzt. Die mautpflichtige Postalmstraße verbindet Weißenbach am Wolfgangsee mit Voglau im Lammertal und in der Folge mit dem weiter westlich liegenden Ort Golling im Salzachtal.

Der Sparber mit dem Bergwerkskogel, dem Rettenkogel und dem Rinnkogel im Hintergrund.

oben: Blick zum Dachsteinmassiv von der Postalm aus.
unten: Jungvieh weidet zufrieden auf dem Weg zur Bleckwand.

Die Labenbergalm auf 1431m Seehöhe im reizvollen Licht des späten Nachmittags.

Sicht von Westen auf das Postalmgebiet. Von links zu sehen sind das Wieslerhorn (1603m) und die Thorhöhe (1533m), dahinter die Bleckwand und der Sparber und auf der rechten Bildseite der Rinnkogel (1823m).

Die Pferde auf der Postalm verbringen den Almsommer in dieser beneidenswert schönen Landschaft.

Im Flug über den Gipfel des Sparbers (1502m) erhält man diesen Überblick auf Strobl, St. Wolfgang und den Schafberg.

DER WOLFGANGSEE

St. Wolfgang im Salzkammergut · Schafberg

St. Wolfgang im Salzkammergut

Fläche	*56,43 km^2*
Einwohner	*2.848 (1.1.2012)*
Höhe	*548 m ü. A.*

Am Westufer des Wolfgangsees liegt St. Wolfgang, von St. Gilgen über einen Fußweg von Fürberg über den Falkenstein, mit dem Auto nur vom Süden, über Strobl, erreichbar; allerdings besteht noch die Möglichkeit, mittels Fahrzeug nach Gschwendt am Ostufer und von dort, den See querend, mit dem Schiff nach St. Wolfgang zu fahren.

Der Name des Ortes leitet sich vom Hl. Wolfgang ab, der als Bischof von Regensburg um 976 im Kloster Mondsee Zuflucht suchte. Auf der Flucht vor dem Teufel öffnete sich der Fels und Bischof Wolfgang konnte sich in der so entstandenen Höhle auf dem Falkenstein bei St. Gilgen verbergen, wo er fünf Jahre gelebt haben soll. Dort erschloss er auf wundersame Weise eine Quelle für einen durstigen Pilger, die heute noch besteht und der Linderung und Heilung bei Augenleiden zugesprochen wird. Von seiner Höhle aus warf er der Legende nach aus Freude über seine Errettung vor dem Teufel ein Beil, das auf dem heutigen Platz der Kirche in St. Wolfgang zu liegen kam und er gelobte, am Auffindungsort des Beiles eigenhändig eine Kirche zu errichten. Die Volksfrömmigkeit schreibt dem Orte Wundertaten und Heilungen zu und Bischof Wolfgang wurde 1052 heilig gesprochen.

St. Wolfgang vor dem Schafberg und dem Vormauerstein, eine herrliche Bergkulisse für den Wallfahrtsort St. Wolfgang!

Die von Bischof Wolfgang erbaute Johanniskirche ist in ihren Umrissen durch das geschmiedete Gitter um den Hochaltar markiert. Ein erster romanischer Kirchenbau ist aus 1183 bestätigt. Nachweisliche Berichte aus 1291 belegen Wallfahrten zum „Kirchlein im Wolfgangland" und es wurde 1314 bis 1318 ein großes Pilgerhaus errichtet, dass aufgrund der starken Pilgerströme im 15. Jhdt. großzügig ausgebaut wurde. 1429 wurden Kirche und große Teile des Ortes durch einen Brand zerstört und die dem Hl. Wolfgang geweihte Kirche musste neu erbaut werden. Das Ostschiff, in dem der Pacher-Alter steht, und der 64 m hohe Turm wurden 1470-1477 errichtet. Die Wolfgangzelle und der Bußstein standen ursprünglich außerhalb der Kirche und wurden durch einen Anbau 1713 in diese integriert. Das Gotteshaus war früher durch eine steinerne Schranke längsgeteilt und bestand aus dem Mönchschor (Klosterkapelle) mit dem Pacher-Altar und der Pfarr- und Wallfahrtskirche mit dem Schwanthaler-Altar. Die Schranke wurde 1674 abgerissen, so dass der heutige Kirchenraum entstand. 1625, im Zuge der Barockisierung, wurde der gesamte Innenraum mit Fresken ausgestattet. In der Kirche werden neben anderen Reliquien ein Reisestab, ein Messkelch und ein in Gold gefasster Zahn des Heiligen verwahrt.

Neben der Kirche befindet sich ein Brunnen aus 1515, errichtet zur Labung der Pilger, dessen Inschrift in heutiger Sprache lautet: „Ich bin in Ehren Sankt Wolfgang gemacht, Abt Wolfgang Haberl zu Mondsee hat mich betracht, zu Nutz und Frommen der armen Pilger, die nicht haben Geld noch Wein, die sollen bei diesem Wasser fröhlich sein." Allein die prachtvollen, einzigartigen Altäre, der gotische Pacher-Altar und der barocke Schwanthaler-Altar machen die Kirche zu einem kunstgeschichtlichen Juwel.

Das am Seeufer, nächst der Dampferstation liegende Hotel „Zum weißen Rössl" ist neben der Operette „Im weißen Rössl am Wolfgangsee" weithin bekannt. Die dem Komponisten Ralph Benatzky zugeschriebene Operette entstand aus einem Alt-Berliner Lustspiel, das Oskar Blumenthal und Gustav Kadelburg 1896 während eines Aufenthalts in der Nähe von Bad Ischl verfassten. Als Singspiel wurde es 1930 im Großen Schauspielhaus Berlin uraufgeführt, an dessen Entstehung neben Benatzky ganz wesentlich die Komponisten Hans Müller-Einingen, Erik Charell, Bruno Granichstäedten, Robert Stolz und Robert Gilbert, von dem auch die Liedtexte stammen, mitwirkten.

Pilgerbrunnen in St. Wolfgang

Wallfahrts- und Pfarrkirche St. Wolfgang

Der mächtige, 1481 fertiggestellte Flügelaltar Michael Pachers, der prachtvolle Barockaltar von Thomas Schwanthaler 1676 mit den Reliquien des Heiligen Wolfgang, sowie der Schmerzensmann und die Kanzel des großen Barockbildhauers Meinrad Guggenbichler 1706 machen die Pilgerkirche zu einem außergewöhnlichen Kunstobjekt.

Das Nostalgie Linienschiff Kaiser Franz Josef I. mit dem alten, weißen Anstrich vor dem berühmten Weißen Rössl am Wolfgangsee mit der Pfarrkirche dahinter.

Die Sicht über St. Wolfgang Richtung Strobl und den Bergen der Osterhorngruppe: rechts die Bleckwand (1541m), in der Mitte die markante Erhebung des Sparber (1502m) und dahinter der Rinnkogel (1823m), Bergwerkskogel (1781m) und Rettenkogel (1780m).

St. Wolfgang mit Blick zum Zwölferhorn und dem gegenüber liegenden St. Gilgener Ortsteil Abersee, wo der Zinkenbach in den See einmündet. Der ebenfalls zu St. Gilgen gehörende Ortsteil Ried auf der rechten Bildseite ist mit dem Auto nur von St. Wolfgang aus erreichbar. Zu Fuß besteht eine Verbindung nach St. Gilgen über den Falkenstein.

Das im Jahr 1911 vom Verein Ferienhort erbaute Gebäude diente bedürftigen Gymnasiasten in den Sommermonaten zur Erholung. Heute ist der Ferienhort Ried auch Standort einer Höheren Lehranstalt für wirtschaftliche Berufe.

Das Ortszentrum rund um die Wallfahrtskirche in St. Wolfgang.

Der Schwarzensee ist ein Bergsee in der Gemeinde St. Wolfgang, um den eine herrliche Wanderrunde führt. Der See hat eine Tiefe von 54 m und liegt auf einer Seehöhe von 716m. Die Berge im Hintergrund gehören zum Katergebirge und zur Osterhorngruppe.

Der Schafberg

Vom See aus gesehen links von der Kirche, am Ufer und mit eigener Dampferstation, befindet sich die Talstation der Schafbergbahn. Noch am Anfang des 19. Jhdts. ließen sich Touristen in Sesseln auf den Schafberg tragen und es gab bis zu 30 Sesselträger in St. Wolfgang. 1836 wurde auf dem Gipfelgrat eine Schutzhütte errichtet, heute ein Hotel und der Zustrom an Touristen nahm zu. Am 1. August 1893 eröffnete die „Salzkammergut-Localbahn-Actiengesellschaft" die meterspurige (1000 mm Spurweite) Zahnradbahn (System Abt, d. h., dass zwei aneinanderliegende, versetzte Zahnstangen vorhanden sind) vom Ufer des Wolfgangsees auf den 1782 m hohen Schafberg. In nur einem Jahr wurde die Bahn unter Mitwirkung von 350 italienischen Bauarbeitern errichtet. Auf einer 5,85 km langen Strecke wird ein Höhenunterschied von 1190 m auf bis zu 25,5 % steiler Strecke überwunden. Nach verschiedenen Besitzwechseln ist die Bahn seit 2006 in Händen der Salzburg AG. Mit Halt bei der Zwischenstation Schafbergalpe dauert die Fahrt ca. 40 Minuten. Der Betrieb wird mit vier Neubau-Dampflokomotiven (1992-1995) und zwei Dieseltriebwagen (1964) bewältigt. Für Nostalgiezüge stehen zwei Dampflokomotiven (1893, 1894) bereit, die zu den ältesten, noch betriebsfähigen der Welt zählen.
Von der Höhe des Schafbergs bietet sich ein grandioser Rundblick über das Salzkammergut.

Ein 360° Panorama vom Gipfel der Spinnerin aus.

Der Blick auf die Bergstation der Schafbergbahn mit dem Schafberggipfel auf 1782m Höhe und dem Berghotel Schafbergspitze.

Der Schafberggipfel im Mai. Der Winter ist noch nicht ganz überwunden und die Vegetation noch nicht im Frühlingsgrün auf dem 1782m hohen Berg. Dahinter die Vormaueralm mit dem Vormauerstein (1450m) und der weitere Blick zeigt in Richtung Bad Ischl mit den Salzkammergut-Bergen.

Das Hotel Schafbergspitze wurde 1864 errichtet und war das erste Berghotel Österreichs. Daneben befindet sich die Himmelspfortenhütte. Auf der Bergstation der Schafbergbahn in 1732m Höhe werden jährlich rund 280.000 Passagiere empfangen, die bei guter Wetterlage mit einer herrlichen Aussicht belohnt werden.

Die Schafbergbahn hier mit einer Nostalgielokomotive, die sich zur Bergstation hocharbeitet. Die drei hier sichtbaren Seen sind von links der Wolfgangsee, der Fuschlsee und rechts der Mondsee. Die steil abfallende Nord-Ost Seite des Schafbergs sorgt für spannende Aus- und Tiefblicke.

DAS AUSSEERLAND

Grundlsee · Toplitzsee

Grundlsee

Fläche	151,54 km²	
Einwohner	1.256 (1.1.2012)	
Höhe	732 m ü. A.	

Der Toplitzsee

Länge	2,0 km
Breite	0,9 km
Höhe	718 m ü. A.
Wassertiefe	103 m

Der Grundlsee

Fläche	4,22 km²
Länge	5,7 km
Breite	0,4 km
Höhe	708 m ü. A.
Wassertiefe	64 m

Der vom Kammersee (nächst dem die Traun entspringt) über zwei Wasserfälle und einem unterirdischen Zufluss gespeiste Toplitzsee liegt im steirischen Salzkammergut. Der auf 718 Höhenmetern gelegene See ist 2 km lang, 400 m breit und bis zu 103 m tief; ab 20 m Tiefe verliert sein Wasser den Sauerstoffgehalt. Zwischen 1943 und 1945 wurden von der Deutschen Kriegsmarine am See waffentechnische Versuche durchgeführt und vor Kriegsende Druckplatten für gefälschte Pfundnoten im See versenkt. Seit nach dem Krieg ranken sich Gerüchte über im See versenkte Kunstschätze, Goldreserven und Aufzeichnungen über Nummernkonten des Dritten Reiches. Verschiedene Tauchgänge brachten bisher nur Druckplatten, Falschgeld, Kriegsrelikte und den sogenannten Toplitzseewurm zu Tage. Der 1983 gefundene Toplitzseewurm lebt im sauerstofflosen, schwefelwasserstoffhaltigen Tiefenwasser des Sees. Tauchgänge sind aufgrund der vielen unverrottbaren Baumstämme auf dem Seegrund überaus gefährlich. Ein Schifffahrtsunternehmen betreibt mit Plätten eine Linienschifffahrt zum Kammersee, da die Topographie ein Umrunden des Toplitzsees nicht zulässt.

Der Grundlsee, ebenfalls im steirischen Salzkammergut, ist 5,7 km lang und 900 m breit. Im Gebiet des Ortes Gößl münden der Toplitz- und der Strimitzbach in den See. Über dem Ort erhebt sich die 180 m hohe Gößlerwand, ein fast senkrechter Kalksteinfelsen, in dem ein Klettergarten eingerichtet ist. Seit den 1950er Jahren wird an der Südseite des Grundlsees im Tagebau Gips-Rohstein abgebaut, der über eine 8 km lange Materialseilbahn nach Bad Aussee transportiert wird, wo ein Werk Gipskartonplatten herstellt. Eine Besonderheit Gößls ist die Kirche, die im Privatbesitz von vierzehn Gößler Familien steht. Nachdem die Amtskirche stets die Errichtung einer Kirche abgelehnt hat, ließen 1821 14 Gößler Familien eine Holzkapelle errichten, die schon 1833 vergrößert und der Holzbau durch Mauerwerk ersetzt wurde. Durch Grundbuchseintragung der Vulgonahmen der beteiligten Höfe blieb und bleibt die Kirche in deren Besitz. Eine weitere Besonderheit ist das Amt des Dorfrichters. Die Gößler Bauern wählen jährlich einen aus ihrer Mitte zum Dorfrichter. Bei Streitigkeiten untereinander wird unter seiner Leitung das Problem gemeinschaftlich diskutiert und meist eine außergerichtliche Lösung gefunden. Auf dem See, der Trinkwasserqualität aufweist, wird Ausflugsschifffahrt betrieben und der See friert regelmäßig im Winter zu. Der Abfluss des Sees, die Grundlseer Traun, fließt in Richtung Bad Aussee.

Der Toplitzsee im späten Herbst, ein naturbelassenes Plätzchen, das durch seine malerische Schönheit und Abgeschiedenheit und die vielen Geschichten um versenkte Schätze eine geheimnisvolle Anziehungskraft auf seine Besucher ausübt.

Von der Fischerhütte aus kann man mit den Plätten eine Seebefahrung unternehmen, bei der man zu den verborgenen und sonst unerreichbaren Stellen des Seeufers gelangt, wie dem Vordernbach Wasserfall. Der letzte der drei Seen, der Kammersee, ist auch nur mit dem Boot erreichbar.

Der Drei-Seen Blick mit dem Kammersee im Vordergrund, dem Toplitzsee und Grundlsee. Über den Seen erhebt sich steil das Tote Gebirge mit seinen verkarsteten, naturbelassenen Hochflächen.

Der Grundlsee mit Gößl im Vordergrund und dem Ort Grundlsee (rechts) ist bis auf die westliche Seite richtung Bad Aussee von den steil aufragenden Bergen des Toten Gebirges umgeben.

Der Grundlsee mit der gleichnamigen Ortschaft Grundlsee vor dem mächtigen steil abfallenden Hausberg, dem 1772m hohen Backenstein. Rechts im Bild die so genannte Villa Castiglioni, die 1881 erbaut wurde und auch schon viel bewegende Geschichte zu erzählen hat.

Das Schloss Grundlsee bei Gössl, im 19. Jhdt. von der Familie Roth errichtet, hat auch schon abwechslungsreiche Zeiten hinter sich. So wohnte das bekannte Schauspielerehepaar Paula Wessely und Attila Hörbiger vor 1939 hier. Später, als die Nationalsozialisten das Ausseerland für sich entdeckten, bezog die Familie Goebbels das Haus zeitweise mit ihren Kindern, die hier sogar zur Schule gingen.

Der Grundlsee mit dem gleichnamigen Ort liegt von den Bergen des Toten Gebirges förmlich eingebettet da.

DAS AUSSEERLAND

Bad Aussee

Bad Aussee

Fläche	*81,86 km²*
Einwohner	*4.884 (1.1.2012)*
Höhe	*659 m ü. A.*

Bad Aussee, der geographische Mittelpunkt Österreichs mit einem Mittelpunktstein im Kurpark, gilt als Hauptort des Ausseerlandes und liegt im steirischen Salzkammergut. Schon die Kelten trieben zum Salzabbau Stollen in die Berge, die Römer besiedelten das Gebiet und nach der Völkerwanderung kamen auch die Slawen in dieses Gebiet, an deren Aufenthalt Berg- und Flussnamen erinnern (Kainisch, Kumitz, Lupitsch, Toplitz u. a.) und die in der Folge von bairischen Siedlern abgelöst wurden. In alten Urkunden scheint bereits die Bezeichnung Owse, Ausse, auf. Dokumente aus dem Jahr 1094 erwähnen einen Salzgrafen und ein Salzgericht in Aussee. Der Anschluss des Ausseerlands an den regelmäßigen Verkehr wurde durch die Errichtung einer Poststation an der Linie Graz-Salzburg im Jahre 1660 bewirkt. Als Kurort wurde der Ort 1911 zu Bad Aussee und 1994 zur Stadt erhoben und liegt am Zusammenfluss der Quellflüsse der Traun. Als Persönlichkeiten, die aus Bad Aussee hervorgegangen sind, mögen beispielsweise die Postmeistertochter Anna Plochl, spätere Gräfin von Meran als Ehefrau des Erzherzogs Johann, Klaus Maria Brandauer, Schauspieler und Regisseur, Albrecht Gaiswinkler, Widerstandskämpfer gegen den Naziterror, Herbert von Karajan, Dirigent, der einen Teil seiner Kindheit hier verbrachte, Alfred Komarek, Schriftsteller und Peter Rastl, der Begründer des Internet in Österreich, erwähnt werden.

Die Bad Ausseer Spitalkirche, an das 1395 errichte Pfründnerhaus in gotischem Stil angebaut, enthält einen von Kaiser Friedrich III. gestifteten gotischen Flügelaltar und ein Sakramentshäuschen aus rotem Salzburger Marmor mit kunstvollen Türchen aus Schmiedeeisen aus dem Jahr 1523. Unter den Glocken ist die 2240 kg schwere Bronzeglocke, ein Geschenk Kaiser Friedrich III. aus dem Jahre 1445, mit Münzabdrucken, Wappenschildern, sowie dem Wappenspruch des Kaisers, A.E.I.O.U., hervorzuheben. An der Südseite des Kirchturmes befindet sich das Grabmal der Eltern der Gräfin von Meran. Der Kammerhof (das Gebiet stand einst im Besitz des Kaisers und wurde von der Hofkammer verwaltet) wurde um 1380 erbaut, seine Hauskapelle enthält einige interessante Bilder. Auf dem Marktplatz befindet sich das Geburts- und Sterbehaus der Gräfin von Meran, Gemahlin des Erzherzogs Johann, Tochter des Postmeisters Jakob Plochl. Gegenüber dem Rathaus befindet sich, frei stehend, die selbsttätige Uhr, eine Art perpetuum mobile, deren Präzisionsmechanik auf das Zusammenwirken von Luftdruck und Temperatur beruht.

Der Dachstein mit dem Hallstattgletscher vom Ausseerland aus gesehen.

Gesamtübersicht aus ca. 3000 m Höhe auf Altaussee, Bad Aussee, Grundlsee und dem Toten Gebirge.

Kulturpflege gehört im Ausseerland zum Selbstverständlichen. Im Kaffeehaus treffen sich Gäste und Einheimische, auch die Ausseer Tracht gehört zum Alltag. Charme und Selbstbewusstsein prägen das Stadtbild von Bad Aussee.

Straßenbild in Bad Aussee mit der Pfarrkirche St. Paul.

Der Blick auf Bad Aussee mit dem Toten Gebirge. Links die Trisselwand, der Ahornkogel und der Backenstein, darunterliegend der Grundlsee. Man sieht hier auch den Zusammenfluss der Grundlsee Traun mit der Altausseer Traun, die speziell geformte Brücke darüber zieht den Blick auf sich.

DAS AUSSEERLAND

Altaussee · Loser

Altaussee

Fläche	*92,11 km²*
Einwohner	*1.777 (1.1.2010)*
Höhe	*712 m ü. A.*

Der Altausseer See

Fläche	*2,1 km²*
Länge	*3,0 km*
Breite	*1,0 km*
Höhe	*712 m ü. A.*
Wassertiefe	*53 m*

Altaussee, das am Ufer des gleichnamigen Sees, der 3 km lang und bis zu 1 km breit ist und hauptsächlich durch unterirdische Zuflüsse aus dem Spaltensystem im Kalkstein des Toten Gebirges gespeist wird, liegt im steirischen Salzkammergut und gleicht in seiner Siedlungsentwicklung Bad Aussee. Das Salzbergwerk Altaussee ist die größte Salzabbaustätte Österreichs. Seit 1983, nach der Stilllegung der Saline in Bad Aussee, fließt die Sole nach Ebensee, wo die Salzverhüttung der Abbaugebiete Altaussee, Hallstatt und Bad Ischl vorgenommen wird. Teile des Bergwerkes sind als Schaubergwerk zugänglich. Im Bergwerk wurde ab 1943 vom Naziregime ein Depot für Kulturgüter eingerichtet, das zu einem erheblichen Teil aus Raubkunst bestand. Vor dem Kriegsende konnte die geplante Vernichtung dieser Kulturgüter verhindert werden. Das Depot wurde nach Kriegsende durch amerikanisches Militär sichergestellt und geräumt.

Die Ansiedlung Altaussee und der Salzabbau wurden erstmals 1147 urkundlich erwähnt. 1246 besetzte der Erzbischof von Salzburg, Philip von Spanheim, weite Teile des Ennstales und damit auch das Ausseerland. Zur Festigung seines Machtanspruches und zur Sicherung der Salzbergwerke erbaute er auf einem Hügel nächst Altaussee 1250 die Festung Pflindsberg, die 1755 vom letzten Bewohner verlassen und folgend dem Verfall preisgegeben wurde. Der Erzbischof musste sich wieder zurückziehen und Festung und Ausseerland wurden 1260 der Steiermark einverleibt. Die dem Hl. Ägid geweihte Pfarrkirche ist das älteste Bauwerk Altaussees. Die am Seegestade gelegene Kirche wurde erstmals im Gesamturbar des Herzogtums Steiermark, das zwischen 1280 und 1296 angelegt wurde, erwähnt und dürfte im 12. Jhdt. errichtet worden sein. Der heutige Bau stammt ursprünglich aus dem Jahr 1434. Kaiser Franz Joseph I. finanzierte 1859 bis 1861 einen vergrößernden Umbau. Vom Vorgängerbau ist ein spätgotisches Sakramentshäuschen erhalten. Im Ort findet sich auch eine 1956 erbaute Freiluft-Gradieranlage, in der Sole des Salzbergwerks auf Tannenreisig tropft, wodurch ätherische Öle freigesetzt werden, die Linderung bei Bronchial- und Asthmabeschwerden herbeiführen sollen.

Weithin bekannt ist das alljährlich im Mai im Ausseerland stattfindende Narzissenfest, dessen Bootskorso jährlich wechselnd auf dem Altausseer- und Grundlsee stattfindet.

Ein Überblick von Altaussee: links der Loser mit seiner Panoramastraße, rechts davon die Trisselwand, dahinter sieht man noch einen Teil vom Grundlsee.

Der Tiefblick über den Ahornkogel (1686m) und die Trisselwand (1754m) auf den Altausseer See ist atemberaubend.

An der Westseite des Loser liegt an dessen Fuß die Blaa-Alm, ein beliebtes Ausflugsziel.

Die Sicht auf die Bräunlingalm (1607m) mit den Bräunlingzinken (1899m) zum Augstsee und dem Loser (1837m), darunter liegt der Altaussee. Der weitere Blick zeigt den Sarstein in der Bildmitte und rechts den Sandling, in der dahinter liegenden Bergreihe erhebt sich das Dachsteinmassiv.

Altaussee wirkt ein wenig verträumt mit einer Lage, um die es zu beneiden ist. Über dem See baut sich die Trisselwand und der Ahornkogel wie zu einem mächtigen Bühnenbild auf.

Das Tote Gebirge

Das Tote Gebirge ist ein Plateaugebirge im Bereich der nördlichen Steiermark und des südlichen Oberösterreich. Es wird den Kalkhochalpen der Nordalpen zugerechnet und die höchsten Erhebungen sind der Große Hochkasten (2389 m) auf der steirischen und der Große Priel (2515 m) auf oberösterreichischer Seite. Der Name leitet sich vermutlich von der großteils verkarsteten und vegetationslosen Hochfläche ab. Durch die Verkarstung entstanden Dolinen, Schächte, Höhlen, es gibt im Toten Gebirge mehr als 600 bekannte Schächte und Höhlen. Die längste Höhle ist das Schönberg-Höhlensystem im westlichen Teil des Toten Gebirges und weist eine vermessene Länge von 125 km bei einer Tiefe von 1070 m auf. Das bei Altaussee liegende Schwarzmooskogel-Höhlensystem, das teilweise vereist ist, weist eine Länge von etwa 56 km auf. Große Teile des Toten Gebirges stehen unter Naturschutz, wobei das größte Naturschutzgebiet sich auf steirischem Boden erstreckt.

Wie Riesenfußabdrücke liegen die zwei Lahngangseen im Tal zwischen Neustein und Salzofen. Von hier aus liegt der Ort Gößl am Grundlsee für Wanderer mit normaler Fußgröße zwei Stunden entfernt.

Der Vordere Lahngangsee (1494m) und der Hintere Lahngangsee auf 1510m Seehöhe sind ein beliebtes Wanderziel im Toten Gebirge. Die Seen liegen zwischen dem Neustein (1870m) auf der rechten und dem Salzofen (2070m) auf der linken Bildseite wie eingebettet da. Darüber liegt der kleine Dreibrüdersee (1643m).

Der Elmsee mit der Pühringer Hütte (1637m) und dem Rotgschirr (2261m). Die Lärchen, durch ihre schöne Herbstfärbung erkennbar, trotzen in dieser Höhe noch dem rauen Klima dieses kargen Kalkhochplateaus.

Der Wildensee (1535m) ist vom Offensee aus über die Rinnerhütte in einer dreistündigen Wanderung zu erreichen. Der weitere Blick zeigt das Hochplateau des Toten Gebirges mit dem Dachstein und dem Alpenhauptkamm im Hintergrund.

Über dem Toten Gebirge wird der Blick auf den Offensee und weiter zum Traunstein frei.

DAS AUSSEERLAND

Bad Mitterndorf · Tauplitz · Pichl-Kainisch

Bad Mitterndorf

Fläche	112,58 km^2
Einwohner	3.088 (1.1.2012)
Höhe	809 m ü. A.

Tauplitz

Fläche	53,91 km^2
Einwohner	1.013 (1.1.2012)
Höhe	896 m ü. A.

Pichl-Kainisch

Fläche	29,77 km^2
Einwohner	766 (1.1.2012)
Höhe	803 m ü. A.

Im Südwesten des Toten Gebirges, in der Steiermark, befindet sich die Tauplitzalm, ein Hochplateau im Salzkammergut mit 1600 bis 2000 Metern Seehöhe. Die Tauplitzalm verfügt über eine ausgeprägte – vor allem wintersportliche – touristische Infrastruktur mit Gastronomie- und Beherbergungsbetrieben, seit 1963 sogar über eine Kirche und ist über eine Sesselbahn vom Ort Tauplitz und über die Tauplitzalm Alpenstraße von Bad Mitterndorf aus erreichbar.

Die Gemeinde Bad Mitterndorf liegt im steirischen Salzkammergut, im Hinterberger Tal. An der östlichen Gemeindegrenze findet sich die größte Natur-Schisprungschanze der Welt, der Kulm. Vom Ort aus führt auch die Mautstraße zur Tauplitzalm. Das Gebiet wurde von bairischen Siedlern um 800 urbar gemacht. Durch die 1877 errichtete Salzkammergutbahn (zwischen Stainach-Irdning in der Steiermark und Attnang-Puchheim in Oberösterreich) wurde die Gemeinde an das Bahnnetz angeschlossen. Alljährlich am 5. Dezember wird seit über 100 Jahren das „Nikolospiel" aufgeführt, wobei mehr als 80 Männer und Jungen von der Ortschaft Krungl ins 5 km entfernte Bad Mitterndorf ziehen und dabei fünf Mal ein bäuerliches Jedermann-Spiel aufführen. Seit 1972 ist Bad Mitterndorf Kurort mit den Faktoren Heiltherme, Heilmoor und Heilklima. Die der Hl. Jungfrau und Märtyrin Margarethe geweihte, im gotischen Stil erbaute Pfarrkirche geht in ihrem Ursprung auf die Zeit um 1335 zurück, wo die Herzöge Albrecht I. und Otto die Errichtung in Auftrag gaben.

Zwischen Bad Mitterndorf und Bad Aussee liegt der Ort Pichl-Kainisch. Das Gebiet dürfte entgegen verschiedener Meinungen eher vom Süden und Osten her besiedelt worden sein und Funde aus der keltischen Zeit belegen eine damalige Besiedelung (zumindest stetige Begehung), insbesondere einen durch das heutige Gemeindegebiet führenden Handelsweg. Nach den Römern 15 v. Chr. bis 475 geriet das Gebiet in den Einfluss der Völkerwanderung, in der slawische Einflüsse stattfanden, die einerseits durch den Namen Kainisch, der slawischen Ursprungs ist, andererseits durch slawische Gräberfunde bis ins 8. Jhdt. belegt sind. Im Anschluss an die Völkerwanderung wurde das Gebiet bajuwarisch und es dürfte etwa um 1000 die Christianisierung vollzogen gewesen sein. 1717 errichtete der Mitterndorfer Pfarrer Balthasar Marinz einen Kreuzweg und eine Marienstatue auf dem Kumitzberg, was als Grundstein für die 1773 erbaute und 1779 mit einem Turm versehene Wallfahrtskirche Maria Kumitz, die als Pfarre 1788 selbständig wurde, diente. Seit dem 18. Jhdt. wurde im Ödenseemoor Torf abgebaut und die Leistung erreichte bis 1,3 Mio. Torfziegel jährlich, die für die Sudhäuser in Aussee Verwendung fanden; der industrielle Torfabbau wurde Mitte des 20. Jhdts. eingestellt. Die erste Volksschule wurde in Pichl 1822 errichtet und 1877 erfolgte der Anschluss an das Bahnnetz. Seit den 60er Jahren des 20. Jhdts. gewann der Tourismus immer größere wirtschaftliche Bedeutung. Im Gemeindegebiet befindet sich der unter Naturschutz stehende Ödensee. Der Waldmoorsee mit einer Ausdehnung von etwa 20 ha und einer Tiefe bis zu 19 m wird durch unterirdische Zuflüsse gespeist und sein Abfluss durch die Ödenseetraun erfolgt in die Traun.

Die Marktgemeinde Bad Mitterndorf mit dem 2351m hohen Grimming, der das Wahrzeichen für die Region ist.

Im Vordergrund der Märchensee mit dem Großsee, dahinter und etwas weiter links der kleinere Tauplitzsee mit den Almhütten und Gastbetrieben vor dem Bergmassiv des Grimming. Erreichbar ist das Almgebiet über die 10 km lange Tauplitzalm-Alpenstraße von Bad Mitterndorf aus und mit einer Liftanlage vom Ort Tauplitz.

oben links: Die Tauplitzalm mit dem Schneiderkogel (1765m) und dem Dachstein.
unten links: Der Tauplitzsee vor den lieblichen Almhütten.

oben rechts: Die Zeit der Almrauschblüte (Alpenrose) auf der Tauplitzalm.
unten rechts: Der Steirersee 1445m mit den Almen und dem 1711m hohen Mitterberg.

Der Schwarzensee (1549m) mit dem Steirersee dahinter (1445m) und den Gipfeln von Sturzhahn (2028m) und Traweng (1981m), am Horizont ist noch das Dachsteingebirge zu sehen.

Der Ort Tauplitz mit der Tauplitzalm und den markanten Felsspitzen des Toten Gebirges.

oben links: Ahornbaum in Tauplitz
unten links: Das Tote Gebirge mit dem Gipfel des markanten Sturzhahn (2028m).

oben rechts: Der Gipfel des Hechlstein (1814m) bei Tauplitz.
unten rechts: Pichl-Kainisch mit dem Ödensee (776m).

Die Wallfahrtskirche Maria Kumitz auf dem Kumitzberg im Ortsteil Oberndorf gelegen mit Bad Mitterndorf und dem Grimming (2351m) dahinter.

HALLSTÄTTERSEE

Obertraun · Hallstatt · Dachsteineishöhlen

Eingebettet zwischen Hallstätter See und den Hängen des Sarsteins, der ein isolierter Bergstock (1975 m) des Dachsteingebirges ist und die Grenze zwischen dem oberösterreichischen Salzkammergut und dem steirischen Ausseerland bildet, liegt am Rande des Dachsteinmassivs an der sonnigen Bucht des Sees der Ort Obertraun im oberösterreichischen Salzkammergut. Der ursprünglich im Osten des Herzogtums Bayern gelegene Ort gehörte seit dem 12. Jhdt. zum Herzogtum Österreich und wurde erstmalig als „Obere Traun" 1325 im oberösterreichischen Stiftsurbarium Traunkirchen erwähnt. Von Obertraun aus findet man teilweise mittels Seilbahn die Zugänge zu den 1910 entdeckten und 1928 unter Naturschutz gestellten Dachsteinhöhlen: Rieseneishöhle, Mammuthöhle und Koppenbrüllerhöhle. Traurige Bekanntheit erlangte der Ort 1954, als sich das „Heilbronner Dachsteinunglück" ereignete, bei dem 10 Heilbronner Schüler und 3 Lehrer infolge eines Wettersturzes im Dachsteingebiet ihr Leben verloren. Seit 1997 gehört die Gegend um Obertraun und Hallstatt zum Weltkulturerbe.
Die Dachstein-Rieseneishöhe, soll die schönste Eishöhle der Welt sein, enthält bei 2000 m Länge drei Dome, deren Ausmaße nur von den größten Kirchen der Welt erreicht werden. Der erste, der Tristan-Dom, ist über einen Steg erreichbar, unter dem ein 40 m breiter Eisschlund gähnt. Überhängende Eismauern bilden einen 30 m tiefen Abgrund, in dem das Tor in die „Große Kapelle" führt. An den Tristan-Dom reihen sich der Cristallogletscher und Kreuzgang, dann öffnet sich der Parzival-Dom mit 120 m Länge, 25 m Höhe und 70 m Breite. Phantastische Eisbildungen füllen den Raum; ein Eisstrom, der Montsalvatsgletscher, bedeckt den größten Teil des Bodens, trägt auf seinem Rücken gefrorene Wasserfälle und die „Gralsburg", eine 8 m hohe Eiskuppel mit gotisch anmutenden kristallenen Eisgebilden. Riesenhafte Eisstalaktiten wuchten von der Decke herab und an den Wänden hängen Zapfen, Pfeifen einer Riesenorgel ähnlich. Die eisgefüllten Korridore münden in den „König-Artus-Dom", der 200 m lang und 60 m breit ist. Hier findet sich kein Eis, nur bizarre Felstrümmer in dem unheimlich erscheinenden Raum, belebt vom roten und gelben Schmuck der Tropfsteine. In diesem Dom wurden Skelettreste von Höhlenbären aus der älteren Steinzeit gefunden.
Mit ihrer erforschten Ausdehnung von über 64 km nimmt die Dachstein-Mammuthöhle den Anspruch ein, die größte Höhle ihrer Art zu sein. In kreisrunder Wölbung, 15-20 m hoch und 20-25 m breit, (glatt gescheuert) dringt der Schacht in den Berg. Vernimmt man in der Eishöhle an vielen Stellen Brausen, Dröhnen und Sausen verborgener stürzender Wassermassen oder starke Luftströme, herrscht in der Mammuthöhle unentwegt Ruhe, Stille. Die in vier Etappen über- und untereinander liegenden Gänge und Riesendome sind von Schluchten, Schächten, Abgründen und Spalten durchzogen. Wie eine unterirdische Stadt wirken die zusammenhängenden Teile, der Schmetterlingsgang, die Arkadenkluft, Mitternachtsdom, Dom ohne Namen, Dom der Vereinigung, Kanon und Eissee, die in der Vorzeit Wege unterirdischer Gewässer waren. Mammuthöhle und Eishöhle gehörten ursprünglich einem zusammenhängenden unterirdischen Stromsystem an, das durch Einstürze vor Jahrtausenden getrennt wurde.
Der Zugang zur Koppenbrüllerhöhle ist im Tal gelegen. Die schönsten Stellen der eisfreien Höhle sind die Simonykapelle, die Simonygalerie und die Hannaschlucht, eine stark geneigte Bergspalte. Tief unten braust ein Fluss, der Klingfall. Der in der Höhle befindliche Bocksee kann bei Hochwasser bis zur Decke der Hannaschlucht steigen. Bei sehr starkem Regen oder bei der Schneeschmelze stürzt aus dem Höhleneingang, der dann einem Höllenrachen gleicht, ein mächtiger Bach brüllend ins Koppental.

Der Hallstättersee

Fläche	8,55 km^2
Länge	5,9 km
Breite	2,3 km
Höhe	508 m ü. A.
Wassertiefe	125 m

Obertraun

Fläche	88,43 km^2
Einwohner	716 (1.1.2012)
Höhe	511 m ü. A.

Hallstatt

Fläche	59,72 km^2
Einwohner	794 (1.1.2012)
Höhe	511 m ü. A.

Der ganz im Südosten liegende Teil des Hallstättersees mit der Einmündung der Koppentraun in den See bei Obertraun; darüber erheben sich die nördlichen Ausläufer des Dachsteinmassivs. In der Bildmitte der Krippenstein, der mit seinen Seilbahnen und der Aussichtsplattform ein unbeschwert zu erreichendes Ausflugsziel ist.

Eintauchen in eine Welt aus Stein und Eis: die Dachsteineishöhle gehört zu den imposantesten Höhepunkten unter den Ausflugszielen im Salzkammergut.

oben links: Die Dachstein Krippensteinbahn, die seit 2008 erneut in Betrieb ist.
unten links: Die „Eiskapelle“ in der Dachsteineishöhle.

oben rechts: Die Aussichtsplattform „5Fingers“ am Krippenstein.
unten rechts: Der „Parzival-Dom“ in der Dachsteineishöhle.

Der Krippenstein mit Bergstation der Seilbahn und rechts an den Nordabhängen des Berges die Aussichtsplattform; im Hintergrund der Hohe Dachstein mit dem Hallstattgletscher und den weit auslaufenden Karstflächen, die bei schlechter Sicht, Nebel und Schneefall für Wanderer zur Gefahr werden können.

Der Krippenstein mit der Aussicht Richtung Norden nach Hallstatt und Bad Goisern mit dem Sarstein in der Bildmitte rechts; im Hintergrund das Ausseerland mit dem Toten Gebirge. Der Krippenstein ist auch ein beliebter Startplatz für Paragleiter, die den See aus der Vogelperspektive genießen.

Fronleichnamsprozession am Hallstätter See.

Von der Traun durchflossen, liegt im Süden des oberösterreichischen Salzkammergutes der 5,9 km lange, bis zu 2,3 km breite und 120 m tiefe Hallstätter See. 2005 kam es im über Hallstatt liegenden Salzbergwerk zu einem Leitungsbruch und über den Mühlbach wurden etwa 11.000 Kubikmeter Sole in den See eingetragen, wodurch sich im See, in etwa 100 m Tiefe, ein Salzsee bildete.

Von steilen Bergwänden umgeben, macht der Hallstätter See den Eindruck eines Fjordes; der Sarstein, der Plassenstock und das jäh abfallende Dachsteingebirge umgürten den See. Zu Fronleichnam findet seit 1623 eine Bootsprozession statt und neben dem Mutzen, auf dem sich Altar und Priester befinden, fahren unter Glockengeläut und Böllerschüssen viele blumengeschmückte Boote und Plätten („Fuhr" genannt) über den See. Wenn aber vom Norden her Wolken, Sturm und Regen in den Kessel des Sees einbrechen, wird das sonst stille Wasser in Aufruhr versetzt und gewaltige, Schaumkronen tragende Wellen toben über die Oberfläche. Ein solches Unwetter brachte 1822 eine voll besetzte Plätte zum Kentern, wobei 38 Menschen in den Fluten ertranken.

Hallstätter See mit Dachsteingebirge und dem Ortsteil Gosauzwang, wo auch der Gosaubach in den See einmündet.

HALLSTATT

Der Ort Hallstatt liegt am südlichen Westufer des gleichnamigen Sees, am Fuße des Salzberges, in dessen Höhe sich das Salzbergwerk befindet. Vom Rudolfsturm (1282-1284 von Herzog Albrecht I. von Österreich zu Verteidigungszwecken errichtet und nach seinem Vater Rudolf I. benannt) führen ein Fußweg (früher ein Steig für die Bergknappen und zum Abtransport des Salzes, der vorwiegend von Frauen durchgeführt wurde) und ein Schrägaufzug zum ältesten Salzbergwerk der Welt. Aus Funden ergeben sich Hinweise, dass Oberflächensalz hier schon vor etwa 7000 Jahren gewonnen wurde. Um etwa 900 v. Chr. begann der Stollenbergbau, so dass im Laufe der Zeit ein 4 km langes Stollensystem entstand. 1595 wurde die Sole erstmals mittels einer hölzernen Soleleitung nach Ischl geleitet und im dortigen Sudwerk verarbeitet. 1607 wurde diese Soleleitung nach Ebensee am Traunsee zum dortigen Sudwerk verlängert. 1734 wurde der „Mann im Salz" gefunden, die Leiche eines Knappen, die noch Kopf- und Barthaare trug und der vermutlich zweitausend Jahre vorher bei einem Bergsturz vom salzhaltigen Gestein eingeschlossen und konserviert wurde.

Nach Funden im Jahre 1846 in einem ausgedehnten Gräberfeld oberhalb des Ortes Hallstatt, wobei auch eine der ältesten Eisenschmieden ausgegraben wurde, wird ein Zeitabschnitt der älteren Eisenzeit als „Hallstattzeit" bezeichnet. Hallstatt erlangte 1311 das Marktrecht, ein Nachweis für die damalige wirtschaftliche Bedeutung des Ortes. Der schmale Landstrich zwischen Seeufer und dem bewaldeten Hang des Salzberges bot nur wenig Siedlungsraum. Die Ablagerungen des vom Salzberg durch die „Höll" herunterstürzenden Mühlbaches bildeten das in den See hineinragende Mühlbachdelta und schufen so Platz zum Bauen; andererseits kletterten die Häuser terrassenförmig am Hang empor. Bis Ende des 19. Jhdts. war Hallstatt nur über Saumpfade oder auf dem Weg über den See erreichbar. 1890 errichtete man am Westufer eine Straße, die teilweise durch den Fels gesprengt werden musste. Wer heutzutage mit dem Zug, der Salzkammergutbahn, nach Hallstatt fährt, muss am Ostufer des Sees (denn dort führt die Bahnstrecke entlang), gegenüber dem Ort, aussteigen und mit einem Motorschiff über den See nach Hallstatt fahren. Einen schönen Blick über Hallstatt, den See und die umgebende Berglandschaft bietet die Aussichtsplattform bei der katholischen Kirche Maria Himmelfahrt, 1505 im spätgotischen Stil fertig gestellt. Ihr mächtiger Turm ist der einzige erhaltene Teil des vorangegangenen Gebäudes aus dem Anfang des 14. Jhdts. Hervorzuheben sind ein Fresko aus dem 15. Jhdt. über dem Eingang und ein weiteres an der Nordseite, den Hl. Christophorus darstellend. Die zweischiffige Hallenkirche enthält als besondere Sehenswürdigkeit einen spätgotischen Wandelaltar, den „Hallstätter Marienaltar", aus 1515. Die zweischiffige Kirche, die noch viele andere Kunstschätze birgt, war ursprünglich in der Längsachse geteilt; der rechte Kirchenraum war für die Bergleute, ein damals höchst angesehener Stand, das linke Kirchenschiff für die übrigen Bürger vorgesehen. Nördlich der Kirche, in dem ihn umgebenden Friedhof, befindet sich der Karner, das Beinhaus, aus dem 16. Jhdt. Dort sind etwa 610 Totenschädel über den Gebeinen der Verstorbenen gestapelt. Auf ihren Stirnen sind Geburts- und Sterbedatum, meist auch der Name der Verstorbenen aufgemalt, dazu eine Verzierung aus Eichenlaub, Efeu oder Blumen. Aufgrund der Kleinheit des Friedhofes werden die Toten nach 20 bis 30 Jahren exhumiert, die Gebeine gebleicht und anschließend bemalt und im Beinhaus gebettet. Am Seeufer, beim Hauptplatz, steht die evangelische Christuskirche aus 1863, deren schlanker Turm so hoch ragt, wie der, der erhöht stehenden katholischen Kirche, somit dem Himmel ebenso nahe kommt. Die Reformationslehren Martin Luthers fielen im 16. Jhdt. im Salzkammergut und besonders bei den Bergleuten auf fruchtbaren Boden und so kam es im Zuge der Gegenreformation 1601 zu erbittertem Widerstand, der durch die Truppen des Salzburger Fürsterzbischofs Wolf Dietrich von Raitenau gebrochen wurde; die Anführer wurden zum Tode verurteilt, Häuser der Lutheraner niedergebrannt. Im Jahre 1734 wurden 300 Protestanten (Frauen und Kinder nicht eingerechnet) aus Hallstatt, Ischl und Goisern mit Salzzillen abtransportiert und nach Siebenbürgen deportiert. Das Toleranzpatent (1781) von Kaiser Joseph II. erlaubte den Protestanten die eingeschränkte Religionsausübung und erst das Protestantenpatent (1861) von Kaiser Franz Joseph I. brachte die Gleichstellung des protestantischen Glaubens mit dem katholischen.

Das Museum in Hallstatt besitzt neben dem Naturhistorischen Museum in Wien die zweit-umfangreichste Sammlung von Fundstücken aus der Hallstattzeit. Mit dem Inneren Salzkammergut und dem Dachstein ist Hallstatt Teil des UNESCO-Weltkulturerbes. In der chinesischen Provinz Guangdong, in der Stadt Huizhou, wurden für ein Wohnprojekt Teile von Hallstatt im Originalmaßstab nachgebaut.

Das ist wohl die bekannteste und am häufigsten abgebildete Ansicht von Hallstatt, an der gut zu erkennen ist, wie wenig gerade Fläche zwischen Berghang und See für die Häuser zur Verfügung steht.

Im Flug über den Krippenstein erhält man diesen Gesamtüberblick auf den Hallstättersee. In Obertraun mündet die Koppentraun in den See, auf der Westseite Hallstatt mit dem Salzberg und dem 1953m hohen Plassen darüber und weiters blickt man bis nach Bad Goisern, wo die Traun den See verlässt.

Bild oben: Mit der „Hallstatt“ zur Bahnstation am gegenüber liegenden Ufer.
Bild unten: Dorfplatz mit Dreifaltigkeitsbrunnen.

Bild oben: Kirchturm mit dem Schloss Grub auf der anderen Seeseite.
Bild unten: Malerisch in die steilen Hänge gebaute Häuser.

Hallstatt mit Ortsteil Lahn und dem Echerntal, über dem Ort der Salzberg.

Hallstatt mit Blick über den See zum Bahnhof und den steil abfallenden Sarstein.

Motive in Hallstatt

GOSAU · DACHSTEIN · GOSAUKAMM

Gosau

Die Straße am Westufer des Hallstätter Sees von Hallstatt noch Norden fahrend, gelangt man alsbald zu der linker Hand nach Westen abzweigenden Pass-Gschütt-Straße, die uns zum Ort Gosau am Nordrand des Dachsteinmassivs führt. Der Ort Gosau liegt weit gestreut am nördlichen Fuß des Dachsteinmassivs am Gosaubach. Von Mönchen aus dem Salzburger Stift St. Peter wurde das Tal im 13. Jhdt. besiedelt und es erfolgte die erste urkundliche Erwähnung 1231. Die meisten Bewohner lebten von der Holzgewinnung und lieferten das Holz nach Hallstatt, wo es zur Salzgewinnung gebraucht wurde. Viele Landwirte bewirtschafteten Almen, von denen die meisten auch heute noch in Betrieb stehen. Gosau ist eine der wenigen überwiegend evangelischen Gemeinden Österreichs und es konnte sich durch die Abgeschiedenheit des Tales der Protestantismus über die Gegenreformation hinaus erhalten. Nach Einführung der allgemeinen Wehrpflicht im Habsburgerreich kamen in Gosau über viele Generationen hinweg keine Buben zur Welt; die Knaben erhielten weibliche Vornamen, um dem Waffendienst zu entgehen. Zwischen dem Ort Gosau und dem nördlichen Fuße des Dachsteinmassivs befinden sich die drei Gosauseen, die in ein schmales Kerbtal eingebettet sind und die hauptsächlich von den Dachsteingletschern gespeist werden. Der Vordere Gosausee ist ein Gletscherrückzugssee der letzten Eiszeit, der von unterirdischen Quellen im hinteren Seebereich gespeist wird. Zur Energiegewinnung wurde der See 1910 um etwa 12 zusätzliche Meter aufgestaut und teilweise wird das Wasser ins Gosaukraftwerk am Ende des Gosautales eingeleitet. Die Gosaulacke, ein Gewässer geringer Tiefe, wird durch die Schneeschmelze oder bei Starkregen durch den überlaufenden Hinteren Gosausee gefüllt und fließt in den vorderen See ab. Bei Trockenperioden verschwindet die Gosaulacke. Der Hintere Gosausee fließt großteils über ein Höhlensystem über den Waldbachursprung und den Mühlbach in den Hallstätter See. Bei Hochwasser fließt er auch über eine Karstquelle und ein Bachbett in die Gosaulacke.

Gosau

Fläche	*113,4 km²*
Einwohner	*1.809 (1.1.2012)*
Höhe	*767 m ü. A.*

Der Blick auf Gosau in Richtung Pass Gschütt, über den man in den Salzburger Tennengau nach Abtenau kommt. Darüber das Gamsfeld 2027m bei Rußbach.

Blick auf den Gosaukamm mit der Bischofsmütze und den Gosauseen.

Sonnenaufgang beim Gosaukamm.

Der Mond steht der Sonne am frühen Morgen fast gegenüber, die Gipfel des Gosaukamms sind sehr fotogen und erinnern mit Ihren schroffen Kalkformen an die Dolomiten.

Der Gosausee im Luftbild in seiner Gesamtheit mit dem Dachstein und seinem Spiegelbild.

Gosau mit dem Dachstein im Hintergrund.

Der Gosausee gehört mit dem Gosaukamm und dem flächenmäßig größten Anteil des Dachsteingebiets zum Oberösterreichischen Salzkammergut. Bergsteiger und Wanderer gelangen während der Tour rund um den Gosaukamm auch in die benachbarten Salzburgergaue dem „Tennen- und Pongau“.

Der Dachstein

Der Dachstein ist der Hauptgipfel des Dachsteinmassivs und weist die Form eines Doppelgipfels auf. Der Hohe Dachstein (2995m) ist der höchste Gipfel der Bundesländer Oberösterreich und Steiermark und diesem 400 m nördlich vorgelagert befindet sich der Niedere Dachstein (2934m). Nordöstlich des Hauptgipfels erstreckt sich der Hallstattgletscher, nordwestlich der Gosaugletscher. Berühmt sind die etwa 1 km hohen Südwände aus rötlichem Dachsteinkalk. Den ersten Gipfelsieg über den Hohen Dachstein errangen 1834 die Gebrüder Gappmaier aus Filzmoos mit Pater Thurwieser über den Gosaugletscher; zuvor war Erzherzog Karl beim Aufstieg über den Hallstätter Gletscher gescheitert. 1836 wurde ein Gipfelkreuz errichtet. Die erste Winterbesteigung gelang Friedrich Simony am 14. Jänner 1847. Der erste Aufstieg über die Südwand des Hohen Dachsteins gelang am 22. September 1909 den Brüdern Georg und Franz Steiner aus Ramsau; die Route wurde damals „Himmelsleiter der Steiner-Buam" genannt und ist als „Steinerweg" noch heute eine vielbenutzte Kletterroute mit dem Schwierigkeitsgrad V. Der chinesische Künstler Ai Weiwei ließ 2010 im Rahmen des steirischen Kulturfestivals „regionale X" einen 4 Tonnen schweren Felsblock auf den Dachstein transportieren. Im Jahre 2008 hatte sich dieser Felsbrocken bei einem schweren Erdbeben in der chinesischen Provinz Sichuan aus einer Felswand gelöst. Für den Künstler ist dieser Felsblock Symbol für die Opfer des Bebens und den unakzeptablen Umgang der chinesischen Politik mit solchen Katastrophen. Auf den Dachstein führt – ausgehend von Obertraun – eine in drei Abschnitte aufgeteilte Seilbahn, die insgesamt eine Höhendifferenz von 1760 m überwindet und deren größter Bodenabstand 172 m beträgt. Der erste Abschnitt führt zur Rieseneishöhle und zur Mammuthöhle, der zweite Abschnitt zum Krippenstein (2100m), den Schigebieten und zur Aussichtsplattform „5 Finger", der dritte Abschnitt zur Gjaidalm. Von Ramsau aus führt die Dachstein-Südwandbahn zu den Dachsteingletschern.

Sommermorgen am Hohen Dachstein: die ersten Bergsteiger sind schon am Weg. Das Foto enstand an einem 22. Juni um 5 Uhr.

Der Dachstein mit seiner Südwand ist wohl einer der Berge, die man ruhig als Star unter den Bergen bezeichnen darf, auf den die Steirer, die Oberösterreicher und auch (ein wenig) die Salzburger stolz sind. Als höchster östlicher Gipfel der Alpen ist er bei guter Sicht von weit über 100 km Entfernung zu sehen.

Ein Panorama von der Ostseite auf das Dachsteinmassiv: die Berge und Gletscher heißen von links: Gr. Koppenkarstein (2863m), Kl. Koppenkarstein (2862m), davor der Schladminger Gletscher mit dem Hunerkogel (2687m), Hoher Gjaidstein (2794m), Hallststätter Gletscher mit den Dirndln (2818m, 2832m) und dem Oberen und

Unteren Eisstein (2654m), Hoher Dachstein (2995m), Niederer Dachstein (2934m), Mitterspitz (2925m,) Torstein (2948m) weiter rechts die Bischofsmütze (2454m) mit dem Gosaukamm. Ganz am Horizont der Alpenhauptkamm, Niedere und Hohe Tauern, Berchtesgadener Alpen, davor das Tennengebirge und rechts der Untersberg.

Der Große Gosau Gletscher mit dem Hohen Dachstein (2995m) und der Adamekhütte (2196m).

Die Dachsteinsüdwand im letzten winterlichen Abendlicht.

DAS INNERE SALZKAMMERGUT

Bad Goisern am Hallstättersee

Bad Goisern am Hallstättersee

Fläche	*112,26 km²*
Einwohner	*7.547 (1.1.2012)*
Höhe	*500 m ü. A.*

Zurück an den Hallstätter See, wo sich an dessen Nordende das von der Traun durchflossene Talbecken des Bad Goiserer Beckens, im Osten vom Toten Gebirge, im Westen von der Osterhorngruppe begrenzt, öffnet, in dem Bad Goisern liegt. Münzfunde lassen auf die Anwesenheit der Römer schließen, gefolgt von den Slawen, die sich bald mit den eindringenden Bajuwaren vermischten, unter welchen der Name „Goisarn" entstand; urkundlich erwähnt wird im 14. Jhdt. in einem Passauer Urbar „Gebisham". Ende des 9. Jhdts. erbaute Waldgraf Albero von Goiserwald und Ennstal die Martinskirche und eine Burg, welche 1495 mit dem sie umgebenden Markt bei einem verheerenden Brand zerstört wurde. Ende des 13. Jhdt. machte man neue Sole- und Sulzenfunde, die zum „Salzkrieg" zwischen Herzog Albrecht I. und dem Salzburger Erzbischof Konrad IV. führten. 1595 bis 1607 baute man über Goisern die Soleleitung zum Pfannhaus Ebensee. Zur Zeit der Reformation hatte sich fast die gesamte Bevölkerung dem protestantischen Glauben zugewandt und die Gegenreformation am Anfang des 17. Jhdt. zwang viele Menschen zur Auswanderung, so sie nicht den protestantischen Glauben ablegten. 1770 wurde die Wildensteiner Pflegschaftskanzlei von der abgebrannten Burg Wildenstein ins Schloss Neuwildenstein, heute ein Forstamt, verlegt. Der Ort wurde 1952 zum Markt erhoben, 1955 zu Bad Goisern ernannt und führt seit 2008 den Namen Bad Goisern am Hallstätter See. Der heutige Ortsteil Steeg ist eine alte Lände der Hallstätter Salzschifffahrt. Von den besonders bekannten Persönlichkeiten des Ortes seien nur einige hervorgehoben: Thomas Seeauer, 1485-1586, Wasserbaumeister der kaiserlichen Saline, Konrad Deubler, 1814-1884, „Bauernphilosoph", Landwirt, Bäcker, Bürgermeister, Hubert von Goisern, *1952, Musiker, Liedermacher. Vom gotischen Bau (1487) der kath. Pfarrkirche St. Martin sind nur das einjochige Netzrippengewölbe des Chores und das nördliche spitzbogige Marmorportal (1530) erhalten geblieben; der Hochaltar (1691) zeigt ein Bildnis des Hl. Martin. Die kath. Kalvarienbergkirche im Ortsteil St. Agatha wurde 1395-1399 erbaut und enthält u. a. eine Kalvarienbergszene aus 1712. Ein technisches Denkmal aus dem frühen 19. Jhdt., das der Holztrift diente, ist im Weissenbachtal das aus Kalksteinquadern zusammengefügte Bauwerk der Chorinsky-Klause. Das Freilichtmuseum Anzenaumühle ist ein für das Salzkammergut typischer Paarhofverband mit Wohnhaus, Stallstadl, Mühle und Säge. Das Heimat- und Landlermuseum zeigt u. a. die Kultur der Altösterreicher, die im 18. Jhdt. als Protestanten nach Siebenbürgen deportiert wurden. Die evangelische Kirche (erster Bau 1782) wurde 1813 bis 1816 neu erbaut. Bekannt ist auch der von hier kommende „Goiserer Schuh", ein grob genähter, äußerst strapazfähiger Bergschuh mit trittsicherer Sohle.

Gesamtüberblick von Bad Goisern am Hallstättersee von links am Horizont mit den Bergen Dachstein, Gosaukamm, den Hohen Tauern und dem Tennengebirge, über dem Talbecken und dem See erhebt sich von links der Plassen das Ramsaugebirge mit dem Hoch Kalmberg und rechts das Gamsfeld.

Blick über den Sarstein auf das nördliche Ufer des Hallstättersees und den Bad Goiserer Talboden mit dem Ramsau- und Katergebirge und einem Teil des Wolfgangsees.

Übersicht von Bad Goisern Richtung Hallstätter See mit den Bergen: Sarstein, Krippenstein und dem Ramsaugebirge.

Ortszentrum von Bad Goisern mit der katholischen Pfarrkirche.

Bad Goisern wird von der Traun durchflossen; links das Katergebirge und der Predigtstuhl auf der rechten Seite.

Die Traun

Die Traun

Quelle	Traunursprung
Länge	153 km
Einzugsgebiet	4277 km²
Mündung	Donau bei Linz

Durchflossene Seen:
Kammersee, Toplitzsee, Grundlsee, Hallstätter See, Traunsee

Die Lebensader des Salzkammerguts, der 153 km lange Fluss die Traun, entspringt im Südosten des steirischen Salzkammergutes aus einer Quelle im Toten Gebirge, dem „Traunursprung" und wird vorerst Grundlseer Traun genannt. In der Folge durchfließt sie den Toplitzsee und den Grundlsee, wobei sie zwischen den beiden Seen auch Toplitz oder Toplitzbach genannt wird. In Bad Aussee vereinigt sich die Grundlseer Traun mit der Altausseer Traun und der Kainischtraun und wird ab hier Koppentraun genannt. Die Koppentraun fließt westwärts durch den Koppenpass und wendet sich beim Dachsteinmassiv nach Norden, wo sie den Hallstätter See speist. Ab dem Austritt aus dem Hallstätter See heißt sie Traun. In ihrem Verlauf durchquert sie Bad Ischl, den zentralen Ort des Salzkammerguts, fließt am Höllengebirge entlang, mündet bei Ebensee in den Traunsee, den sie, nordöstlich fließend, bei Gmunden und damit auch das Salzkammergut verlässt. Bei Stadl-Paura nimmt sie die vom Attersee kommende Ager auf, fließt durch Wels und mündet im Stadtgebiet von Linz in die Donau.

Schon von den Römern wurde die Traun zwischen dem Traunfall bei Steyrermühl und der Donau mit Kähnen befahren. Die Traun war für das Salzkammergut von grundlegender Bedeutung, diente sie doch zum Transport des Holzes für die Sudpfannen zur Salzgewinnung und das Stempelholz für die Salzbergwerke, wie auch zum Transport des Salzes und die Flößerei in Richtung Donau.

Bei Steyrermühl unterband der 200 m breite, sich schräg zur Flussrichtung befindliche und 12 m hohe Traunfall jeglichen Boots- und Floßverkehr. Im Jahre 1311 wurde der Traunfall erstmals schiffbar gemacht, doch über die damalige Konstruktion ist nichts bekannt. Im 16. Jhdt. wurde das erste Bauwerk durch einen „fahrbaren Fall", auch „guter Fall" genannt, ersetzt, der vom Holz-, Klaus- und Wasserbaumeister Thomas Seeauer aus Bad Goisern errichtet wurde. Dieser Fallkanal hatte eine Länge von fast 400 m und eine durchschnittliche Breite von 6 m. Das Gefälle betrug am Anfang 15 %, am Ende des Falles mehr als 65 %. Um die sehr hohe Fließgeschwindigkeit im Fall zu verringern, wurden im Boden Schlitze freigelassen, so dass der Wasserstand am Anfang 90 cm, im sehr steilen Ende 30 cm betrug. Trotz dieser Maßnahmen war die Durchfahrt von hohem Risiko begleitet. Im Zuge der Errichtung des Elektrizitätskraftwerkes Traunfall, das 1901 in Betrieb genommen wurde, hat man den Fallkanal zur Gänze abgebaut; ein Modell ist im Schiffleutmuseum in Stadl-Paura zu besichtigen.

Die Traun durchfließt Lauffen

Der Kreuzstein bei Bad Ischl

Einmündung in den Traunsee bei Ebensee

Abfluss der Traun bei Gmunden

Der Rechen bei Steeg am Nordufer des Hallstättersees; ab hier wird der Fluss jetzt nur mehr Traun genannt.

BAD ISCHL

Das Herz des Salzkammerguts

Bad Ischl

Fläche	*163,06 km²*
Einwohner	*13.910 (1.1.2012)*
Höhe	*468 m ü. A.*

Bad Ischl, das Herz, der Mittelpunkt, die Hauptstadt des Salzkammerguts, durchflossen von der Traun, die hier verstärkt wird durch den Zufluss der aus dem Wolfgangsee kommenden Ischler Ache. Eingerahmt wird Bad Ischl von bewaldeten Bergen. Auf die 1542 m hohe Katrin führt eine Seilbahn, von deren Talstation alljährlich ein Berglauf bis zur Bergstation statt findet, wobei bei einer Streckenlänge von 4500 m eine Höhendifferenz von 943 m von den LäuferInnen überwunden werden muss. Wanderwege führen auf den 599 m hohen Siriuskogel mit der 1885 erbauten Aussichtswarte.

Der Raum Ischl war wohl schon zur Hallstattzeit besiedelt und wurde 15 v. Chr. Teil des Imperium Romanum. Die Besiedelung der Römer ist durch zwei Inschriftssteine belegt, wobei einer im 18. Jhdt., vermutlich im Zuge des Kirchenumbaus, verloren ging; dieser dem Gott Mithras geweihte Stein aus der Zeit nach 170 trug einen Hinweis auf eine Zollstation. Ein römischer Grabstein aus dem 3./4. Jhdt. ist noch erhalten. In der nahegelegenen Kienbachklamm wurde ein weiterer Weihestein für den keltischen/römischen Gott Mars/Latobius gefunden. Im Zuge der Völkerwanderung kamen die Slawen, in der Folge die Bajuwaren ins Land. Um 1000 wurde die Salzgewinnung wieder aufgenommen. Unter den Kelten hieß die Siedlung Iskula, bei den Römern Mansio Iscala, bzw. Mansio Iscilla. Urkundlich erwähnt wurde der Ort erstmals 1262 als Iselen, (später als Yschl), als König Ottokar II. einen Salzmeister daselbst bestätigte und im Jahre 1466, unter Kaiser Friedrich III., erfolgte die Erhebung zum Markt. Der Ischler Salzberg wurde 1563 durch das Bergwerk in Perneck erschlossen, die Saline an der Traun 1571 errichtet (ab dem 19. Jhdt. als Kolowrat-Sudhaus bezeichnet).

Bad Ischl mit Kaiservilla und dem Marmorschlössl im Kaiserpark.

Die Kaiservilla

Trotz der großen wirtschaftlichen Bedeutung durch die Salzgewinnung begann der Aufstieg Ischls erst im 19. Jhdt. Nach überraschend guten Erfolgen mit warmen Solebädern, die Dr. Josef Götz ab 1807 gichtkranken Salinenarbeitern verordnete, wurde seit 1820 dem Solebad Heilwert zuerkannt, schließlich ist die Ischler Sole mit 27% Kochsalzgehalt eine der stärksten des Kontinents. Salinenkassier Tänzl eröffnete 1823 das erste Badehaus mit 25 Stuben. Weiters hat sich ab 1821 der Wiener Arzt Dr. Franz Wirer besondere Verdienste um die Entfaltung des Kurortes erworben, da er die Badekur der kaiserlichen Familie empfahl. Staatskanzler Metternich, Erzherzog Rudolf und das Erzherzogpaar Franz Karl und Sophie, die Eltern des späteren Kaisers Franz Josef I. zählten zu den Gästen. 1849 bis 1914 verbrachte Kaiser Franz Josef I. fast alljährlich die Sommerzeit in Ischl, von wo aus er auch die Regierungsgeschäfte erledigte, so dass Ischl in dieser Zeit zur zweiten Hauptstadt des Habsburgerreiches wurde. Im Jahre 1853 verlobte sich der Kaiser im Seeauerhaus (heute das Stadtmuseum) in Ischl mit Prinzessin Elisabeth (Sisi) von Bayern. Die Kaiservilla in Ischl war ursprünglich eine Biedermeiervilla im Besitz eines Wiener Notars, der sie 1850 an einen Arzt verkaufte. Franz Josephs Mutter, Erzherzogin Sophie, erwarb das Objekt als Hochzeitsgeschenk für das kaiserliche Paar. Die Villa wurde in der Folge im neoklassizistischen Stil umgebaut und ist von einem englischen Park umgeben, in dem sich das Marmorschlössl (einst das Teehaus der Kaiserin, seit 1978 das Photomuseum der Oberösterreichischen Landesmuseen) befindet.
Am 28. Juli 1914 unterzeichnete der Kaiser in dieser Villa die Kriegserklärung an Serbien (was zum Ersten Weltkrieg führte) und sein Manifest „An Meine Völker". Nach Kriegsende und Zerfall der Monarchie blieb das Objekt bis heute im Privatbesitz des Hauses Habsburg-Lothringen.
Alljährlich werden in Bad Ischl um den 18. August (des Kaisers Geburtstag) verschiedene Feierlichkeiten aus diesem Anlass abgehalten. Katharina Schratt (1853-1940), Schauspielerin am Hofburgtheater in Wien, pflegte eine enge Freundschaft zum Kaiser, die von 1885 bis zu seinem Tode 1916 währte. Der Kaiser stellte Frau Schratt das Haus Felicitas in der Nähe der Kaiservilla zur Verfügung, wo er die Schauspielerin besuchte und das Haus wurde allgemein nur mehr die Schratt-Villa genannt.
Die dem Hl. Nikolaus geweihte katholische Kirche in Bad Ischl wurde 1320 erstmals erwähnt. Von der damalig gotischen Kirche ist nur der Turm erhalten, da 1769 die Kirche abgerissen und durch einen klassizistischen Bau ersetzt wurde. Ab 1870 wurde die Kirche mit Fresken (von Georg Mader) und neuen Altären (Altarbilder von Leopold Kupelwieser) ausgestaltet und am 18. August 1880, anlässlich des 50. Geburtstages des Kaisers, feierlich eingeweiht. Die heutige Orgel wurde 1888 errichtet, später erweitert und auf ihr spielte auch der österreichische Komponist Anton Bruckner. Da Ischl auch Kaiserresidenz war, wurde die Kirche auch als Hofpfarrkirche bezeichnet.

Die evangelische Kirche (Friedenskirche) entstand aus einem kaiserlichen Kornstadel, der 1875 von einem aus Mecklenburg stammenden Pastor erworben und von einem Schweriner Baumeister umgebaut wurde. 1881 wurde die Kirche geweiht. Ihre drei Glocken tragen die Namen: „Franz Joseph I., Kaiser von Österreich", „Wilhelm I., Kaiser von Deutschland", „Kaiser Josef II., Kaiser des Heiligen Römischen Reiches".
Die Komponisten Johann Strauss, Franz Lehar, Anton Bruckner und Johannes Brahms wählten Ischl zu ihrem Sommerdomizil.
Zwischen 1875 und 1877 wurde die normalspurige Salzkammergutbahn erbaut, die das Salzkammergut und damit auch Ischl einerseits über Attnang-Puchheim mit der Westbahn, andererseits über Stainach-Irdning mit der Ennstalbahn verbindet. Die Salzkammergut-Lokalbahn, auch Ischlerbahn genannt, wurde als Schmalspurbahn 1893 fertig gestellt und verband Ischl (bis zu ihrer Einstellung 1957) mit der Landeshauptstadt Salzburg. Beide Bahnlinien hatten in Ischl, das auch der Endpunkt der Schmalspurstrecke war, einen gemeinsamen Bahnhof.
1906 wurde Ischl in Bad Ischl umbenannt, 1920 wurde die Bezeichnung Kurort zuerkannt und 1940 erfolgte die Stadterhebung.

Details der Kaiservilla

Der Eingangsbereich des Teehauses der Kaiserin Elisabeth (Marmorschlössl), das heute das Fotomuseum Bad Ischl beherbergt.

Bild oben: Das Marmorschlössl unter viel Grün verborgen.
Bild unten: Blick vom Eingang der Kaiservilla auf den Park.

Luftbild der Kaiservilla; direkt dahinter fließt die Ischler Ache.

Der abendliche Blick auf Bad Ischl vom Sirius Kogel aus gesehen; imposant die beleuchtete Esplanade an der Traun.

Das Kongress- und Theaterhaus im wunderschönen Kurpark gelegen verleiht der Stadt majestätischen Charme.

Übersicht von Bad Ischl: die beiden Flüsse, die Ischler Ache und die Traun, begrenzen den inneren Stadtkern, wie auch die Bergeinrahmung den gesamten Siedlungsraum einfasst. Diese beiden Umstände machen wohl gemeinsam mit der großen Geschichte den besonderen Reiz dieser kleinen Stadt aus.

Bild oben: Die Trinkhalle aus dem Jahr 1829 ist eine ehemalige Kuranlage.
Bild unten: Sonnenuntergang vom Siriuskogel aus aufgenommen.

Bild oben: Schaufenster der berühmten Konditorei Zauner.
Bild unten: Der 1877 errichtete Franz-Karl-Brunnen.

Die Traun mit den neu gepflanzten Bäumen an der Esplanade und dem ehemaligen Grand Hotel Tallachini in dem der jungen Elisabeth der Heiratsantrag von Kaiser Franz Josef I. gemacht wurde. Das Hotel hieß dann Kaiserin Elisabeth und ist jetzt als Residenz Elisabeth ein Wohngebäude.

Das Zentrum von Bad Ischl mit dem Kurpark und dem Kongress- und Theaterhaus auf der linken Seite, dahinter die Kaiservilla mit Park und dem Jainzenberg mit einer Höhe von 834m und der Blick weiter dem Verlauf der Traun folgend nach Ebensee und zum Traunsee

Die Katrin ist mit Ihrer Höhe von 1542m ein herrlicher Aussichtsberg, gehört zum Katergebirge und ist der Hausberg von Bad Ischl. Mit einer Seilbahn erschlossen wird der weitere Aufstieg zum Gipfel erleichtert.

Die Katrin mit Seilbahn und Sender mit den weiteren Gipfeln des Katergebirges in Richtung Wolfgangsee und den anderen Bergen der Osterhorngruppe

Der Nußensee ist von Wald umgeben und ruht ruhig über dem Tal der Ischler Ache. Er wird von unterirdischen Wasserquellen gespeist, deren Druck sich verändert und so unterliegt der Wasserstand größeren Schwankungen.

DIE TRAUNSEEREGION

Traunsee · Offensee

Der Traunsee

Fläche	*24,35 km²*
Länge	*12 km*
Breite	*3 km*
Höhe	*422 m ü. A.*
Wassertiefe	*191 m*
Wassermenge	*2302 Mill m³*

Nach dem Verlassen Bad Ischls strebt die Traun nordwärts Ebensee und damit dem Südufer des Traunsees zu. Mit 191 m Tiefe ist der Traun- oder Gmundner See der tiefste See Österreichs. Mit 12 km Länge und 3 km Breite ist er der zweitgrößte See Oberösterreichs und des Salzkammerguts. Die Römer nannten den See Lacus Felix (glücklicher See) und als Trunseo scheint er erstmals im Jahre 909 urkundlich auf. Die Traunseeregion ist vom Sommertourismus geprägt. Das Ostufer des in einer Nord-Süd-Achse liegenden Traunsees wird einerseits vom mächtigen Gebirgsstock des Traunsteins (1691 m), der in schroffen Felswänden steil in den See abfällt und im Südosten vom Toten Gebirge beherrscht und seine schwere Zugänglichkeit bedingt eine dünne Besiedelung. Als Bergsee eingebettet am Fuße des Toten Gebirges liegt der Offensee mit einer maximalen Länge und Breite von jeweils 900 m, bei einer Tiefe von 38 m. Das hervorragende Fischgewässer besitzt Naturkiesbadestrände, liegt abseits der touristischen Infrastruktur und das dort befindliche Schloss Offensee, ein ehemaliges Jagdschloss Kaiser Franz Joseph I. ist über eine Fahrstraße erreichbar. Eine Waldbahn zur Holzbringung war am Offensee bis 1954 in Betrieb. Als höchste Erhebung findet sich im Süden des Westufers des Traunsees der 1592 m hohe Feuerkogel. Ansonsten ist das Westufer des Traunsees von bewaldeten Bergen gesäumt, deren Höhe nach Norden zu abnimmt und in die Landschaft des Alpenvorlandes ausläuft.

Das Ostufer des Traunsees mit dem Traunstein.

DIE TRAUNSEEREGION

Ebensee

Ebensee

Fläche	*194,66 km²*
Einwohner	*7.833 (1.1.2012)*
Höhe	*443 m ü. A.*

Die Marktgemeinde Ebensee am Südufer des Traunsees wurde 1447 erstmals urkundlich erwähnt. Das Sudhaus in Hallstatt konnte wegen Holzmangels nicht weiter ausgebaut werden und Kaiser Rudolf II. ordnete aus diesem Grunde 1596 die Errichtung eines Pfannhauses (Saline) in Ebensee an, dessen Bau 1604 begonnen wurde und am 8. Februar 1607 konnte dort das erste Salz gesotten werden. Die Zuleitung der Sole erfolgte über eine 40 km lange Leitung von Hallstatt her, die heute noch in Betrieb ist und deren Soleleitungsbrücke Gosauzwang zum UNESCO-Kulturerbe erklärt wurde. Im Jahre 1835 wurden die Saline und viele Häuser durch einen Großbrand zerstört. 1877 erfolgte durch die Salzkammergutbahn der Anschluss an das österreichische Bahnnetz. Durch die Errichtung des Kraftwerkes Offenseebach erfolgte 1907 die Einleitung elektrischen Stromes. Die 1927 in Betrieb genommene Seilschwebebahn (Kabinenbahn) von Ebensee auf den 1592 m hohen Feuerkogel überwindet bei einer Streckenlänge von 2917 m eine Höhendifferenz von 1109 m. Im Jahre 1929 erfolgte die Erhebung Ebensees zur Marktgemeinde. Im Bürgerkriegsjahr 1934 nahm der Großteil der Arbeiter am Generalstreik teil, der vom Bundesheer niedergeschlagen wurde. 1943 errichtete das Naziregime in Ebensee ein Nebenlager des Konzentrationslagers Mauthausen und bis zu dessen Befreiung durch amerikanische Truppen am 6. Mai 1945 starben in diesem Nebenlager 8.745 Häftlinge. Kirchlich gehörte Ebensee lange Zeit zu Traunkirchen und erst 1726 erlaubte Kaiser Karl IV. einen eigenen Kirchenbau. 1729 konnte die barocke Kirche geweiht werden. Beim Brand 1835 wurde auch der hölzerne Kirchturm zerstört und durch einen gemauerten ersetzt.

Ebensee bietet durch die Naturschönheiten seiner Ausflugsziele wie den Langbathseen, den Ofensee oder der Seilbahn auf den Feurerkogel einen herrlichen Zugang zur Natur und Bergwelt.

Ebensee an der Einmündung der Traun in den See gelegen, bietet durch die Lage zwischen den steil abfallenden Bergen spannende Windverhältnisse für Segler, Surfer und Kitesurfer, auch Lenkdrachensegler genannt.

Bild oben: Das Plateau am Feuerkogel mit dem Traunstein dahinter und dem Blick über Gmunden ins Alpenvorland.
Bild unten: Die Aussichtsplattform beim Alberfeldkogel (1707m) mit dem Europakreuz, dahinter die Gipfel des Höllengebirges und in der Ferne der Dachstein.

Panoramabegeisterte Wanderer am Gipfel des Brunnkogel (1708m). Am Horizont ist von links der Gosaukamm, die Osterhorngruppe und das Tennengebirge zu sehen.

Die Langbathseen

Die westlich von Ebensee in einem Naturschutzgebiet gelegenen Langbathseen sind über eine Fahrstraße erreichbar, die am Vorderen Langbathsee endet, an dem sich Kaiser Franz Joseph I. ein Jagdschloss errichten ließ. Diese Bergseen liegen in einem langen Talkessel, der den Übergang von der Kalkstein- zur Flyschzone bildet, am Fuße des Höllengebirges und weisen bei glasklarem Wasser Trinkwasserqualität auf. Der Vordere Langbathsee ist bei einer Tiefe von 36 m 1100 m lang und 500 m breit, seine Wassertemperatur bis zu 24 Grad C und Naturstrände laden zum Baden ein. Der Hintere Langbathsee (500 m lang, 400 m breit, 23 m tief) ist absolutes Naturschutzgebiet und es ist weder das Baden, Fischen oder Wassersport erlaubt.

Der Hintere Langbathsee auf 732m Seehöhe gelegen, eine naturbelassene Traumlandschaft.

Der Vordere Langbathsee liegt auf einer Seehöhe von 664m und ist an seiner Zufahrt auf der östlichen Seite mit einer Gastwirtschaft und Badeplätzen ausgestattet. Das ehemalige Jagdschloss des Kaisers befindet sich am westlichen Ende des Sees. Die Lage an den Abhängen des Höllengebirges ist friedlich und besonders schön.

Bild oben: Der Blick über den Brunnkogel zum Vorderen Langbathsee und das Bergpanorama vom Feuerkogel ganz rechts bis zum Traunstein weiter ins Alpenvorland.
Bild unten: Das Hochleckenhaus 1572m; von hier genießt man einen herrlichen Blick vom Schafberg über den Attersee bis zum Traunstein.

Der Offensee ist ein Bergsee am Fuße des Toten Gebirges auf 649m Seehöhe und ist hier mit dem Eibenberg dahinter zu sehen. Der See hat eine Länge und Breite von 900m und eine Wassertiefe von 38m. Mit seinen Naturstränden ist er ein reizvoller friedlicher Badesee mit Wassertemperaturen über 20° C.

DIE TRAUNSEEREGION

Traunkirchen

Der kleine am Westufer des Traunsees nördlich von Ebensee gelegene Ort Traunkirchen ist uralter Siedlungsboden. Grabungen auf dem Johannesberg erbrachten 1979 den Nachweis einer vor etwa 3500 Jahren bestandenen heidnischen Kultstätte. Funde belegen, dass das Gebiet in der Jüngeren Steinzeit, der Bronze- und Hallstattzeit schon besiedelt war. Gemäß einer Urkunde des Königs Ludwig ging im Jahre 909 die Abtei „Trunseio" (in Fachkreisen ist man unschlüssig, ob damit Traunkirchen oder Altmünster gemeint ist), deren Gründung auf 632 zurückgeführt werden kann, in den Besitz des Salzburger Erzbischofs Pilgrim und eines Grafen Aribo über. Gesichert ist, dass im Jahre 1020 Benediktinerinnen aus Salzburg ins Kloster kamen, das 1327 durch einen Brand zerstört und von den Benediktinerinnen wiederaufgebaut wurde. Jesuiten aus Passau übernahmen 1622 das Kloster und nach einem neuerlichen Brand 1632 entstand der heutige barocke Bau der „Pfarrkirche zu Ehren der Krönung Mariens". 1773 wurde das Kloster aufgelöst, die Klosterkirche wurde zur Pfarrkirche. Die berühmte Fischerkanzel in der Kirche wurde 1753 von einem unbekannten Meister geschnitzt und stellt das Wunder des reichen Fischfangs dar. Sie zeigt die Apostel Johannes und Jakobus, die das mit reichem Fang gefüllte Netz ins Boot ziehen, im Hintergrund steht Christus und vor ihm kniet Petrus. Der Schalldeckel ist gekrönt von der Statue des Hl. Franz Xaver, des Missionsapostels der Jesuiten für Indien und Japan und vier braune und schwarze Gestalten sitzen als Vertreter des Fernen Ostens zu seinen Füßen. Vor seinen Füßen befindet sich ein Krebs, der in seinen Scheren ein Kreuz hält. Der Legende nach kam ein Schiff, auf dem Franz Xaver sich befand, in schweren Sturm und er hielt das Kreuz ins Wasser, wo es ihm von einer Woge aus der Hand geschlagen wurde. Nach der Landung brachte ein großer Krebs das Kreuz zurück. Seit dem Brand 1632 wird zu Fronleichnam in Traunkirchen eine Seeprozession abgehalten. Nach dem Gottesdienst verlässt die Prozession unter Klängen aus der Jesuitenzeit stammender Melodien die Kirche und begibt sich zum Seetor des ehemaligen Klosters. Die Prozession wird mit dem Hauptschiff („Himmelsfuhre" mit Baldachin, Allerheiligstem und Priester), der Gegenfuhre und vielen weiteren Booten abgehalten. Der österreichische Offizier Karl Rudolf von Slatin (1857-1932) war in britischen Diensten Generalgouverneur des Sudans und führte den Beinamen Slatin Pascha. Er erwarb 1897 die Spitzvilla in Traunkirchen, die seit 1976 in oberösterreichischem Landesbesitz ist.

Traunkirchen

Fläche	18,33 km²
Einwohner	1.637 (1.1.2012)
Höhe	422 m ü. A.

Es gibt im Salzkammergut viele einzigartige Fotomotive, die sich in das Bildgedächtnis einprägen – Traunkirchen mit dem Traunstein dahinter ist sicher eines davon.

Einbuchtung des Sees beim Ortseil Winkl mit der Spitzvilla und dem Park auf der linken Bildseite und rechts auf der in den See ragenden Landzunge gelegen Traunkirchen. Gegenüber der Traunstein mit seiner gewaltigen Westwand, die in den See abfällt.

Bild oben: Blick über den See auf Traunkirchen.
Bild unten: Romantisches Tor mit Blick zum See im Ortszentrum von Traunkirchen

Bild unten: Der Kleine Sonnstein (923m), auch Traunkirchner Sonnstein genannt, ist ein herrlicher Aussichtsberg mit Tiefblick auf den Ort mit See und dem Traunstein.

DIE TRAUNSEEREGION

Altmünster

Altmünster

Fläche	*78,77 km²*
Einwohner	*9.520 (1.1.2012)*
Höhe	*442 m ü. A.*

Der Ort Altmünster, früher Münster genannt, am nördlichen Westufer des Traunsees ist nachweislich (Funde am Fuße des Brennbühels, Pfahlbaureste im Bereich des Gmundner Strandbades und ein römischer Grabstein in der Pfarrkirche) seit der Bronzezeit kontinuierlich besiedelt. Vermutlich errichteten die Agilolfinger Herzöge im 8. Jhdt. ein Mönchskloster zur Förderung der geistigen und materiellen Kultur. Urkundlich wird 909 ein „Monasterium Trunseio" erwähnt, wobei ungeklärt ist, ob damit Altmünster oder Traunkirchen bezeichnet wird. Wohl um 920 wurde die Abtei von den herandrängenden Magyaren zerstört. Nach der Schlacht auf dem Lechfelde 955 kehrten die flüchtigen Bewohner zurück und es entstand Münster wieder, wobei jedoch nicht mehr ein Kloster, sondern eine Kirche errichtet wurde. Die dem Hl. Benedikt geweihte katholische Pfarrkirche von Altmünster weist einen weitgehend romanischen Turm (verm. 12. Jhdt.) auf. Der dreischiffige gotische Kirchenraum stammt aus dem 15. Jhdt., wie aus einer Inschrift (1473) über dem Kirchenportal erkennbar ist. Im Presbyterium ist ein römischer Grabstein eingemauert. In der Taufkapelle findet sich ein romanisches Taufbecken und ein gotisches Relief (um 1500), die Krönung Mariens darstellend. In der Allerheiligenkapelle mit dem Allerheiligenaltar, einem Werk der Renaissance, befindet sich ein weiteres gotisches Relief, die Geburt Christi darstellend.

Die Schiffsanlegestelle in Altmünster mit dem Traunseeschiff MS Poseidon. Die Linienschiffe verkehren vom Frühling bis in den Herbst auf dem Traunsee und ersetzten früher fehlende Straßenverbindungen.

Das Schloss wurde von 1873-1875 von Herzog Phillip von Württemberg als Villa Maria Theresia erbaut und nach seiner Frau benannt. Das Schloss heißt heute Schloss Traunsee oder Schloss Württemberg, ist im Besitz der Republik Österreich und wird als Gymnasium geführt.
Das Schloss wurde aufwendig renoviert und wird zunehmend auch für Feierlichkeiten wie Hochzeiten verwendet.

Der Ortskern von Altmünster vor dem Traunsee und dem massiven Bergstock des Traunsteins auf der Ostseite des Sees.

Das Westufer des Sees mit seiner lieblichen abwechslungreichen Uferform bildet einen starken Kontrast zum schroff abfallenden Ostufer des Traunsees.

Altmünster mit dem sich im Westen erhebenden Gmundnerberg, von dem aus sich ein herrlicher Blick über den Traunsee offenbart.

TRAUNSEEREGION
Gmunden · Pinsdorf · Gschwandt

Gmunden

Fläche	*63,55 km²*
Einwohner	*13.069 (1.1.2012)*
Höhe	*425 m ü. A.*

Pinsdorf

Fläche	*12,49 km²*
Einwohner	*3.656 (1.1.2012)*
Höhe	*493 m ü. A.*

Gschwandt

Fläche	*16,74 km²*
Einwohner	*2.667 (1.1.2012)*
Höhe	*523 m ü. A.*

Am Nordende des Traunsees und dem Abfluss der Traun aus dem See liegt die Stadt Gmunden. Gmunden feierte die Stadterhebung im Jahre 1278 und war im Mittelalter stark befestigt. Die Lebensgrundlage der Stadt bildete der Salzhandel, der während des oberösterreichischen Bauernkrieges 1626 zum Erliegen kam. Im 17. Jhdt. war Gmunden Lieferant von Kriegsschiffen, die im Zuge des Vordringens der Türken und der Zweiten Türkenbelagerung Wiens auf der Donau gebraucht wurden. In dieser Zeit mussten auch tausende Flüchtlinge aufgenommen werden. Während des Österreichischen Erbfolgekrieges 1740-1748 glichen Gmunden und seine Umgebung einem Heerlager; bayerische, französische und österreichische Truppen lagerten hier und – obwohl es zu keinen kriegerischen Auseinandersetzungen kam – waren die Quartierleistungen enorm. Als sich das Ende des Salzhandels abzeichnete, entwickelte sich Gmunden zur Kurstadt, zu der es 1862 ernannt wurde. Im Ersten Weltkrieg übernahm Gmunden die Funktion einer Lazarettstadt, ab 1942, im Zweiten Weltkrieg, die einer Flüchtlingsstadt. Die der „Erscheinung des Herrn" geweihte Stadtpfarrkirche geht im Ursprung auf das Jahr 1270 zurück und wurde als dreischiffige gotische Basilika erschaffen, von der noch einige Fresken im Inneren erhalten sind. Nach ihrem Umbau in der Barockzeit wurde sie 1723 neu geweiht. Bei der Restaurierung 1946/47 wurden an der südlichen Außenfassade zwei gotische Fresken entdeckt, die um das Jahr 1525 datiert wurden. Im Zweiten Weltkrieg wurden im Zuge einer Metallsammlung die Glocken eingeschmolzen und 1949 durch fünf Glocken aus der Glockengießerei in St. Florian ersetzt. Neben dem barocken Hochaltar und dem Schmerzensmann „Christus im Kerker" von Bonaventura Schwanthaler, dem Sohn Thomas Schwanthalers, finden sich der Arme-Seelen-Altar mit einem Steinrelief aus 1683, die spätgotische Arbeit einer Kreuzigungsgruppe und aus dem 20. Jhdt. eine Fatima-Madonnna und aus Keramik eine Schutzmantel-Madonna. Das Rathaus wurde 1547 von einem italienischen Baumeister errichtet und verfügt über ein Keramik-Glockenspiel aus dem 16. Jhdt. Der 1450 erbaute Kammerhof war Sitz der habsburgischen Salzkammer und Repräsentanz des Kaisers. Seit dem 18. Jhdt. entwickelte sich in Gmunden die Keramik- und Fliesenherstellung und das Ofensetzerhandwerk. In der „Künstlerischen Werkstätte Franz und Emilie Schleiß", seit 1843 und Vorgänger des heutigen (seit 1923) Betriebes „Gmundner Keramik-Manufaktur" arbeiten neben anderen namhaften Künstlern ab den Sommermonaten 1909 auch Künstler der „Wiener Werkstätte" und 1917 wurde eine Lehrwerkstätte für Keramik eingerichtet. Gebrauchsgeschirr mit dem unverwechselbaren Dekor „Grüngeflammtes" hatte durchschlagenden Erfolg. Die Keramiktradition führte auch dazu, dass Gmunden sich auch Keramikstadt nennt. Gmunden ist mit dem Bahnhof der Salzkammergutbahn durch eine Straßenbahnlinie verbunden, die im Stadtzentrum endet.

Das Zentrum der Stadt Gmunden mit der hier abfließenden Traun, dem Rathausplatz und der Schiffstation mit dem Raddampfer Gisela. An der Traunbrücke am westlichen Ufer befindet sich der Kammerhof, der früher das berühmte Salzamt und heute das Stadt- und Brahmsmuseum beherbergt.

Die Villa Toscana mit dem angeschlossenen Kongresszentrum ist mit dem herrschaftlichen Park ein Veranstaltungsplatz mit besonderer Ausstrahlungskraft. Hinter der Villa Toscana befindet sich das Landschloss Ort mit dem Wahrzeichen der Stadt Gmunden, dem Seeschloss Ort.

Besonders hervorzuheben ist am Südrand der Stadt das am Westufer des Traunsees auf einer kleinen Insel liegend und mit dem Festland durch einen Steg verbundene Schloss Ort, das zu den ältesten Bauwerken des Salzkammerguts zählt (im 10. Jhdt. erbaut, urkundlich 909 und 1053 erwähnt). Die ersten Herren auf der „Veste Ort" waren steirische Ministerialen. Im 17. Jhdt. kaufte Adam Graf von Herberstorff, Statthalter von Oberösterreich, das Seeschloss, der im Zuge des Bauernaufstandes 1626 die Anführer um ihr Leben würfeln ließ (Frankenburger Würfelspiel). Vom 15. Jhdt. bis 1848 war das Schloss auch Sitz der Hohen Gerichtsbarkeit. Heute sind noch drei der ursprünglich vier Gefängniszellen und der Hungerturm vorhanden. Leopold II. von Toskana kaufte 1867 das Seeschloss und gab es an seinen Sohn Frzherzog Johann-Salvator von Österreich-Toskana weiter, der sich alsbald vom Adel abwandte, sich Johann Orth nannte und Ludmilla Stubel, Tänzerin der Wiener Hofoper, heiratete. Im Zuge einer Seereise um Südamerika galten er und seine Gattin als verschollen und er wurde 1911 für tot erklärt. Das Seeschloss ging in den Besitz des Kaisers über. 1995 wurde es von der Stadt Gmunden erworben.

Bild oben: Schloss Ort in der Abenddämmerung mit dem Traunstein.
Bild unten: Schwanenfamilie beim Schloss Ort.

Bild oben: Innenansicht des stilvoll renovierten Schlosses.
Bild unten: Schloss Ort mit seiner der Insel angepassten Dreiecksform.

Eine Vogelperspektive von der Stadt Gmunden: schön zu sehen ist die Halbinsel mit der Villa Toscana und dem Schloss Ort; auch den Verlauf der Traun und das weitere Umland sieht man aus dieser Höhe recht gut.

Die Stadt Gmunden zieht mit ihrer herrlichen Lage am Traunsee viele Besucher an. Schön zu sehen das Schloss Ort mit der Toscana-Halbinsel und der Villa Toscana, der Grünberg auf der linken Bildseite und natürlich der markante Felswächter im Osten, der Traunstein, der mit einer Höhe von 1691m alles überragt .

Gmunden ist auch der Hauptsitz der Traunseeschifffahrt. Der englische Schiffsbauer John Joseph Ruston entwarf 1837 erste Pläne für den Traunsee-Raddampfer „Sophie", der am 15. Mai 1839 seinen Dienst aufnahm. 1858 folgte der zweite Raddampfer „Elisabeth", Schwesterschiff der heute noch verkehrenden „Gisela", die 1872 ihren Betrieb aufnahm. Danach wurden noch zwei kleinere Schiffe in Dienst gestellt. Neben dem Traditionsschiff „Gisela" sind heute mehrere moderne Fahrgastschiffe im Linienbetrieb unterwegs.

Auf einer Anhöhe nordöstlich von Gmunden liegt das Schloss Cumberland. 1866 erfolgte die preußische Besitznahme des Königreiches Hannover. Der König von Hannover Georg V. war damit gezwungen, ins Exil zu gehen. 1868 kam die königliche Familie zur Kur nach Gmunden und ließ 1862 das Schloss im neugotischen Tudorstil als Exilsitz errichten, das 1886 bezogen wurde. Nach dem Zweiten Weltkrieg übernahm die Republik Österreich das Schloss, das 1979 durch Kauf in den Besitz des Landes Oberösterreich überging und eine Betreuungs- und Pflegeanstalt beherbergt.

Das Schloss Weyer liegt im gleichnamigen Gmundner Ortsteil. Das von einer Mauer umgürtete Schloss aus dem 16. Jhdt. befindet sich in Privatbesitz und wird zur Zeit unter anderem als Galerie für Meißener Porzellan und Tafelsilber genützt.

Oben: Das mächtige Gipfelkreuz des Traunstein mit Besuchern auf 1691m Höhe.
Unten: Die Gmundner Hütte auf 1681m mit dem Gipfel des Traunstein.

Oben: Das Traunsteinhaus auf 1580m mit der Gmundner Hütte und dem Gipfel.
Unten: Der Traunstein mit Traunsee, dem Grünberg und Gmunden im Hintergrund.

Luftiger Ausblick auf das Traunsteinhaus in 1580m Seehöhe mit Traunsee, Ebensee, Traunkirchen und dem Höllengebirge; links im Hintergrund noch der Dachstein mit dem Toten Gebirge.

DAS ALMTAL

Scharnstein · Grünau

Scharnstein	
Fläche	*47,84 km²*
Einwohner	*4.741 (1.1.2012)*
Höhe	*488 m ü. A.*

Grünau im Almtal	
Fläche	*230,18 km²*
Einwohner	*2.115 (1.1.2012)*
Höhe	*528 m ü. A.*

Das Almtal liegt östlich des Traunsees im oberösterreichischen Salzkammergut, wird durchflossen vom Fluss Alm und hat, da es kein Durchzugstal ist, seinen ursprünglichen Charakter weitestgehend bewahren können. Die Alm (oder der Almfluss) entspringt als Abfluss des Almsees, der sich im oberösterreichischen Salzkammergut, am Nordende des Toten Gebirges, etwa 11 km südlich von Grünau im Almtal befindet. Der österreichische Zoologe Konrad Lorenz (1903-1989), ein Hauptvertreter der klassischen vergleichenden Verhaltensforschung, führte seine weithin bekannte Beobachtung und Verhaltensdeutung von Graugänsen am Almsee durch. Die Alm wird wirtschaftlich durch Sägewerke und Kleinkraftwerke genutzt und bis ins 19. Jhdt. wurde auf ihr Holz geflößt. Der Fluss hat Trinkwasserqualität und gilt als einer der reinsten Österreichs, weshalb das Gewässer auch zur Fischzucht herangezogen wird. Nach einem Flusslauf von 48 km mündet die Alm bei Fischlham in die Traun.

Nach dem Einfall der Ungarn gründete der Hl. Adalbero, ein Nachkomme des Grafen Arnold von Lambach, im Jahre 1056 das Stift Lambach. Er hatte die Gründe um Grünau geerbt, die er durch die Mönche urbar machen ließ. Im Jahre 1160 erscheint erstmals der Name „Gruona", dessen Pfarrzehent 1224 an Lambach fiel. 1418 fiel Grünau durch Tausch an Reinprecht II. von Wallsee, den Besitzer der Herrschaft Scharnstein. Die Gemeinde Grünau ist Endpunkt der Almtalbahn, einer normalspurigen Bahnstrecke der ÖBB, die von Wels über Sattledt und Scharnstein nach Grünau im Almtal führt. Der letzte Teil der 43 km langen Strecke wurde 1901 fertig gestellt und die Bahn diente nach ihrer Errichtung vorwiegend der Holzbringung, dem Transport der Metallwaren und der Steigerung des Fremdenverkehrs und ist noch heute in Betrieb. Die barocke Pfarrkirche „St. Jakobus der Ältere" aus 1695 besitzt einen Hochaltar, der aus dem Stift Kremsmünster stammt und dessen Figurengruppe im oberen Teil des barocken Altares vom Nürnberger Bildhauer Hans Peyßer (einem Schüler oder Nachfolger des Veit Stoß) stammt und die 1531 vollendet wurde. Sie stellt Christus als Erlöser mit den Hl. Benedikt und Agapitus dar und zählt zu den monumentalen Meisterwerken der Renaissance nördlich der Alpen. In Grünau im Almtal ist die Konrad-Lorenz-Forschungsstelle der Universität Wien ansässig. Das den Ort umgebende Landschaftsschutzgebiet bietet eine reiche Tier- und Pflanzenwelt. Der Cumberland-Tierpark beherbergt auf einer Fläche von 60 Hektar 70 Tierarten mit über 500 Tieren. Im Gemeindegebiet liegen auch der Kleine und der Große Ödsee, zwei waldgesäumte Bergseen, die einst durch einen Felssturz entstanden sind und über keine oberirdischen Zu- und Abflüsse verfügen.

Um 1120 begannen die Grafen von Rebgau mit der Errichtung der Burg Scharnstein und die erste urkundliche Erwähnung erfolgte 1204. Im Jahr 1583 wurde die Burg durch einen Brand zerstört, nicht wieder aufgebaut und blieb als Ruine erhalten. Als neuer Herrschaftssitz wurde das Schloss Scharnstein errichtet, das mitsamt der Herrschaft 1584 durch Helmhart Freiherr von Jörger erworben wurde, der auch 1585 bis 1588 vier Sensenwerke an der Alm gründete, die drei Jahrhunderte lang Sensen und Sicheln handwerksmäßig herstellten. 1875 erfolgte der Wandel zu einer modernen Sensen- und Sichelindustrie und es entstand die größte Produktionsstätte der Monarchie, die ihre Produkte weltweit vertrieb und die damalige Herstellungsweise (die Produktion wurde 1987 eingestellt) kann in einem Sensenmuseum in Scharnstein besichtigt werden. In Scharnstein wurden täglich in moderner Produktion durch 700 Beschäftigte 4000 Sensen und 5000 Sicheln hergestellt. Im Schloss Scharnstein befindet sich das Österreichische Kriminal- und Gendarmeriemuseum und das Museum für Österreichische Zeitgeschichte. Ein wirtschaftshistorischer Wanderweg, der „Sensenweg", führt zu Produktionsstätten, Arbeiterwohnhäusern und Herrenhäusern der Hammerherren auch „Schwarze Grafen" genannt.

Bei Scharnstein weitet sich das enge Tal der Alm und geht in die liebliche, hügelige Landschaft des Alpenvorlandes, über. Der Ort Scharnstein in Blickrichtung St. Konrad, dem Hochriedl, dem Steineck und dahinter dem Traunstein.

Bild oben: Das Bergsteigerdorf Grünau im Almtal.
Bild unten: Der Almsee wird zum Almfluss.

Bild oben: Almsee in Blickrichtung Norden.
Bild unten: Fischerhütte am Ostufer des Almsees.

Der Ort Grünau (528m) im Almtal am Zusammenfluss des Grünaubachs mit der Alm gelegen und dem Zwillingskogel (1402m); dahinter von links im Hintergrund das Höllenbegirge, der Hochkogel (1468m), der Traunstein (1691m) und das Steineck (1418m).

Der Abschluss des Tals mit dem Almsee an den steil abfallenden Nordwänden des Toten Gebirges zwischen dessen Gipfeln in der Ferne der schneebedeckte Dachstein hervorlugt.

Der Almsee ist 2,3 km lang, 700m breit und ist die Quelle der Alm. Der See zeigt durch die Abstufungen der maximal 5m erreichenden Wassertiefe ein besonders schönes Farbenspiel des Wassers.

Bild oben: Die Welserhütte vor der Nordwand des Großen Priel (2515m).
Bild unten: Naturschutzgebiet Großer und Kleiner Ödsee.

Bild oben: Die Gipfel des Toten Gebirges mit dem Großen Priel in der Bildmitte.
Bild unten: Auf der verkarsteten Hochfläche des Toten Gebirges.

Der Almsee auf 589m Seehöhe vor den Gipfeln des Toten Gebirges

ZUM PROJEKT LANDSCHAFTSFOTOGRAFIE SALZKAMMERGUT

Für einen Fotografen mag es wohl zum Schönsten gehören, über die Gipfel der Berge zu fliegen, wie den Gosaukamm, den Dachstein, über die im Gegenlicht glitzernden Bergseen, denn hinter jedem Berg oder Kamm gibt es etwas Neues zu entdecken: grasende Pferde, Schafe oder einen Bergsteiger auf einem einsamen Gipfel. Die Strukturen der Landschaft werden oftmals erst mit dem Überblick aus der Luft gut ersichtlich und räumliche und geografische Zusammenhänge unserer Umgebung können so neu erfahren werden. Für diesen Bildband wurden Aufnahmen verwendet, die im Zeitraum vom Herbst 2007 bis zum Herbst 2012 in vielen Flugstunden entstanden. Das Anliegen dieses Buches ist es, den Menschen aus dem Salzkammergut und deren zahlreichen Gästen und Freunden die landschaftlichen Schönheiten der Region aus einer neuen Perspektive zu zeigen. Meine fotografische Tätigkeit soll ein bleibendes Zeitdokument werden. Meine Arbeit ist nicht nach kurzfristigen Anforderungen ausgerichtet, sondern hat mehr mit einer Sammelleidenschaft, einer Liebe zum eigenen Lebensraum, aber vor allem mit der Freude zu tun, die mir besonders gelungene Aufnahmen bereiten.
Ich sehe mich durch meine Arbeit in die Tradition der frühen Landschaftsfotografen eingebunden, die wie ich auch oft Ansichtskarten erzeugten und die mit ihren Bildern das Landschaftsfotoarchiv der letzten 150 Jahre schufen. Ihre Arbeitsweise war mit viel Mühe und großem Zeitaufwand verbunden, um mit den unhandlichen, schweren Kameras die geeigneten Standorte zu suchen und zu erreichen.
Auch heute bedarf es dieser Sorgfalt und Anstrengungen, damit ein gutes Bild entsteht, nur kommt es jetzt in der Luftbild- und Landschaftsfotografie mehr darauf an, durch genaue Planung und Vorbereitung den richtigen Zeitpunkt und natürlich das Wetter mit dem schönsten Licht einzufangen. Mit den Fotos, die Ihnen nun in diesem Bildband vorliegen, hoffe ich, einen Beitrag zum fotografischen Archiv des Salzkammerguts beigetragen zu haben.

Mein Dank gilt natürlich den Piloten, durch deren Flugkünste die Fotos für diesen Bildband erst entstehen konnten: meinen Clubkollegen beim Helicopterclub Salzburg, Dr. Fritz Struber aus Golling, durch dessen Freundlichkeit und fröhliche Einstellung die Flüge immer besonders schöne Erlebnisse wurden und Stefan Seer aus Wagrain, mit dem ich schon den Bildband „Der Pongau" bestens realisieren konnte und der mit seinem Können und eigenem Helicopter viel zu diesem neuen Bildband beitrug.
Mein ganz besonderer Dank gilt aber dem Wahlsalzkammergutler Norbert Herden aus Scharnstein, einem Jetpiloten, der mit seinem offenen Fluggerät die Schönheiten seiner Umgebung mit mir, jetzt in seiner Pension in gemächlicherem Tempo, erkundet hatte.
Allen wünsche ich weiterhin schöne Flüge und vor allem immer eine gute Landung.

Heinz Heimberger, der Autor dieses Bildbands, erschließt uns in seinen Texten das Salzkammergut von seinen geschichtlichen Wurzeln an und erzählt viel Interessantes und Wissenswertes der Gegenwart. So wurde aus meinem Bilderbuch erst ein richtiges Buch. Ganz besonderen Dank, Heinz, für deinen großzügigen Einsatz von Zeit, Wissen und Arbeit.

Ihnen wünsche ich viel Freude beim Blättern und glaube, Ihnen vom Lebensraum Salzkammergut das eine oder andere Unbekannte,oder in dieser Weise noch nicht Gesehene, gezeigt zu haben.

Natürlich sind die Winter im Salzkammergut ebenfalls sehr fotogen, wie hier der Blick über dem Sarstein auf Hallstatt und den Hallstättersee beweist. Darüber der Gosaukamm und der Dachstein, auf dem sowieso fast das ganze Jahr der Winter herrscht. Die Winter im Salzkammergut sind in den Gebirgsregionen besonders niederschlags- und schneereich.

Erwin Trampitsch, Fotograf
1962 in Dürnstein geboren, seit 1965 im Land Salzburg
Berufsfotograf seit 1983, Verleger von Büchern,
Printprodukten und Ansichtskarten / www.schneider-karten.at
Multivisionsvorträge, Fotografie Ausstellungen
5421 Adnet / Land Salzburg e-mail: info@alpenlicht-fotografie.at

Heinz Heimberger
Textautor
1949 in Wien geboren, seit 1976 in Salzburg,
Mitglied der „Kunstgemeinschaft FreiRäume" in Hallein,
Kunstprojekte mit Fotografie und Sprache / Austellungen
Videoprojekte Tel. 06244/5689

Dr. Fritz Struber
Chemiker, Helicopterpilot
Typen: Robinson R 22, R 44, EC 120 (B206, SA 313)
5440 Golling / Land Salzburg

Stefan Seer
Helicopterpilot
Typen: Robinson R 44
5602 Wagrain/ Land Salzburg

Norbert Herden
Jetpilot im Ruhestand
Segelflug, Motorflug und Gyrocopter
4644 Scharnstein / Oberösterreich
e-mail: norbert.herden@almtal.net

Helicopter Robinson 22 Beta II. über dem Hinteren Gosausee.

Helicopter Robinson 44 Raven II vor dem Dachstein.

Bild und Quellennachweis:
Fotos: Erwin Trampitsch
außer Fotos Seite: 164-165 OÖ Seilbahnholding GmbH / Gmunden
Karten und Pläne: Salzkammergut Tourismus-Marketing GmbH
Gemeindewappen: Wikipedia
Gemeindedaten: Statistik Austria (Wikipedia)

Textnachweis:
Internet: Wikipedia, Salzburgwiki, Einträge von Gemeinden, Pfarren, Tourismusorganisationen, Verkehrsunternehmen
Reiseführer „Salzkammergut" von Peter Iller, Patria-Verlag Bad Ischl, 1947
Reiseführer „Geuters Salzkammergut", Karl Schossleitner, Geuters Reiseführerverlag Büttner & Co., 1924/25
„Attersee-Reiseführer", J. Schmelz, Verlag Buch- und Kunstdruckerei „Welsermühl", Wels, 1946

Impressum:

Verlag:	Alpenlicht OG Verlag der Regionen Waidach 209, 5421 Adnet, www.alpenlicht-verlag.at
Text:	Heinz Heimberger
Bildtexte:	Erwin Trampitsch
Fotografie:	Erwin Trampitsch, Alpenlicht-Fotografie e.U
Konzept und Herstellung.	Erwin Trampitsch
Druck:	Druckerei Theiss
ISBN:	978-3-9503101-1-5

Kontaktdaten und Bestellungen: e-mail: info@alpenlicht-fotografie.at
Tel. 0664 3211602 www.alpenlicht-fotografie.at

Gyrocopter MT03